2025年度版 公務員試験

春日文生 著

実務教育出版

採点官は
ココで決める!
合格論文術

はじめに

　この本は、公務員採用試験の論文対策に関する本です。

　これまで15年以上にわたり自治体の現職採点官として、論文採点や面接官の業務に従事してきました。その中で多くの論文や受験者を採点してきましたが、採用側の思惑とは異なる、見当違いの論文や受験者に出合ってきました。「わかってないな〜」とため息をつくことも多かったのです。

　そうした経験から、受験生に回り道しないで合格を勝ち取ってもらいたいと思い、「現職採点官が教える！」シリーズを刊行し、『合格論文術』『合格面接術』『社会人・経験者の合格論文＆面接術』の3冊を出版しました。おかげ様で、多くの方に読んでもらい、「とてもわかりやすかったです」など、毎年たくさんの感想をいただきました。

　このたび、自治体職員を退職し、さらにもう一歩踏み込んで受験生の力になりたいと考えて、新たに改訂版を刊行することとなりました。退職したこともあって、これまでの書籍よりも、より深い内容に踏み込むとともに、より読みやすくなるように配慮したつもりです。

　ところで、皆さんは公務員に対して、どのようなイメージをお持ちでしょうか。手厚い身分保障、恵まれた福利厚生というのは、もう一昔前の話です。そうした「おいしい環境」だけを追い求める人であれば、現実の業務とのギャップに悩んでしまうかもしれません。クレーマー対応、利害関係者とのたび重なる調整、重箱の隅を楊枝でほじくるような間違い探しなど、公務員の仕事は単なる「お役所仕事」では済まされない地道な業務が多いからです。

　しかし、それでも公務員の仕事に魅力があるのは、「市民の幸せ」「公共の福祉」のために業務ができるからという点があるからでしょう。どうしても利益の追求をせざるを得ない民間企業とは、徹底的な違いがそこにあるのです。住

民が希望していた施設がようやく完成した、悩みを抱えた市民が役所で解決の糸口を見つけられた、そんなときに「ありがとう」「助かりました」などと感謝の言葉を頂戴します。そうした言葉が、公務員としてのやりがいを与えてくれるのです。受験生の皆さんにも公務員になって、ぜひそんな瞬間を味わってもらいたいと心から願っています。

　さて、公務員は、文書の起案をしたり、住民に通知をしたりと、とにかく文書を用いて仕事を行います（これを文書主義といいます）。このため、文書を書けない公務員では困るので、採用試験においても論文が課されているのです。しかし、受験者は書き慣れていない人がほとんどです。このため、本書では次の点をポイントにしました。

本書のポイント

1．合格論文とはどのようなものか、その採点のポイントなどを採点官の視点から解説
2．最速で合格論文を書けるように、段階別にわかりやすく解説
3．さまざまなテーマの合格論文を掲載

　論文を書くことは簡単ではありませんが、本書を読んでいただければ、確実に論文を書き上げる力を身につけることができます。

　皆さんが試験に合格し、国や自治体で活躍されることを心から願っています。

春日　文生

Contents

目次

Chapter **3**

テーマ別合格論文例［評価＆コメント付き］
受かる答案を見せましょう！
厳選の合格論文 20

Chapter **4**

こんなときどうする!?　論文が書けない非常事態への対応

ピンチを切り抜ける窮余の 8 策 ⋯⋯ 151

購入者特典

あなたの論文を見てもらえる！（無料）

長年公務員試験の採点官をしてきた著者が、
あなたの論文を読んでコメントしてくれます。
この機会を活かして合格を勝ち取ってください。
申込方法や締切は本書の最終ページをご覧ください。

Chapter 1

論文試験とは何か、
何が問われるのか

論文試験の
核心をつく
11のポイント

新卒受験生にとって、論文は授業や研究でなじみ深いものでしょう。では、そんなあなたに質問です。論文と作文の違いは何ですか？　触れてはいけない論文のタブーを知っていますか？　一見、身近な存在ながら、事実を知るにつれ、公務員試験の論文が用意なしにはとても太刀打ちできない存在であることに気づくでしょう。論文試験とは何か、何が問われるのか──。さあ、論文試験の核心に迫りましょう。

公務員は**文書**で**仕事**をする、だから**論文試験**で試される

なぜ公務員試験に論文試験があるのか

- 公務員の仕事は文書主義に基づいて行われているから
- 文書主義とは「事案の処理はすべて文書によって行う」こと

文書を書けない公務員は困るので、論文が受験科目になっている

自治体は論文試験で何をみているのか

- 例：令和 5 年度神奈川県職員採用試験の受験案内

論文試験：思考力、創造力、論理力、柔軟性等についての筆記試験

単に文書が書ければよいというものではなく、受験生の創造力や論理力などもみられている

だから論文は
必要です

創造力ですね！

文章苦手…

文書を書けない公務員は困るから、論文試験を課す

　公務員試験では、多くの自治体で論文試験があります。少子高齢化などの行政課題や「あなたの経験が公務員としてどのように活かせるか」という個人的な話題をテーマにして、おおむね800～2,000字の論文を受験生に書かせます。しかし、なぜこのような論文を受験生に課すのでしょうか。

　結論からいえば、公務員の仕事は文書主義に基づいて行われているからです。文書主義とは「事案の処理はすべて文書によって行う」ということです。つまり、仕事を行うときは必ず文書を用います。意思決定に当たっての起案文書の作成をはじめとして、住民への周知、上司への説明、会議の資料など、ありとあらゆる場面で文書が必要とされるのです。「行政事務は文書に始まり文書に終わる」とまでいわれており、文書を書けない公務員は困るのです。このため、論文が受験科目になっているのです。

　ちなみにこの文書主義により、「意思決定過程が明確になる」「後から事業実績を検証できる」「責任の所在が明確化される」「対外的な意思表示が明確化される」などのメリットがあります。

受験案内で知る「論文試験でみられる能力・特性」

　実際に試験を実施する自治体は、論文試験で受験生のどのような点をみているのでしょうか。これは受験案内から知ることができます。

　令和5年度広島県職員採用試験（大学卒業程度）の論文試験では、

思考力、構成力等についての筆記試験（800字程度）

とあります。また、令和5年度神奈川県職員採用試験（Ⅰ類）では、

思考力、創造力、論理力、柔軟性等についての筆記試験

とあります。

　このように、多くの自治体で論文試験を課しています。現在、公務員受験者数の減少から、試験科目などを減らしているところも多いのですが、論文試験を取りやめたという自治体は少数でしょう。なぜなら、公務員になればすぐに文書を作成することになるので、「文書を書けない人」では仕事にならないからです。このため単に試験勉強としてだけではなく、入庁後のことも見据えて、論文の書き方をしっかり身につけておきましょう。

Point 2 論文試験の出題テーマはたったの3種類

出題内容（テーマ）は3つに分類できる

①受験生個人や公務員像に関するもの
- 例：あなたのめざす職員とは。あなたが市職員をめざす理由も併せて書きなさい

②行政課題を問うもの
- 例：県民が豊かさを実感できる暮らしを実現するために、県はどのようなことを重点的に取り組むべきか述べよ

③①と②の複合問題
- 例：あなたの描く将来の○○市はどのようなものか。あなたの持つ情熱、感性、行動力に触れながら、あなたの取り組みたいことを述べなさい

いずれのテーマであっても、単なる評論や感想は不可
公務員志望者としての認識が問われている

自分のことなら書けそうだけど…

私は理想のまちを文章にするわ！

出題テーマは「受験生個人や公務員像」「行政課題」「複合型」

　公務員試験における論文の出題テーマは、おおむね3種類に分けることができます。具体的には、

> ①受験生個人や公務員像に関するもの
> ②行政課題を問うもの
> ③①と②を複合したもの

です。以下、その概要について説明します。

　まず、①ですが、これは受験生個人の経験、実績、思考やあるべき公務員の姿などを問うものです。出題例としては、

> ● 過去5年間で後悔した経験と、そこから得たものについて
> ● あなたのめざす職員とは。あなたが市職員をめざす理由も併せて書きなさい

などがあります。このテーマでは、受験生の経験や人柄などがどのようなものなのかを詳しく知りたいということもありますが、職業観・公務員観を尋ねて、公務員としての適格性をみているという側面もあります。

公務員志望者としてのあなたの認識が問われる

　②は、一般的に自治体の行政課題を問うものです。出題例としては、

> ● 県民が豊かさを実感できる暮らしを実現するために、県はどのようなことを重点的に取り組むべきか述べよ

などがあります。行政課題は、県の施策全体を指すこともありますが、少子高齢化、人口減少などの個別テーマのこともあります。

　③の複合問題の出題例としては、

> ● あなたの描く将来の○○市はどのようなものか。あなたの持つ情熱、感性、行動力に触れながら、あなたの取り組みたいことを述べなさい

などがあります。ここでは、自己の経験などと自治体の課題を掛け合わせて答えることが求められていますので、難易度が高いといってもよいでしょう。

　いずれの出題パターンであっても、**重要なことは「公務員志望者としての認識が問われていること」**です。単なる評論や感想ではなく、公務員志望者としてテーマについてどのように考えるか、という点が重要なのです。このため、自分の意見がまったくないような文書では困ります。

Point 3 論文の評価基準は「問題意識」「論理性」「表現力」

論文の評価基準はどのようになっているのか

論文の評価基準は 3 点に集約できる

↓

①問題意識
- 論文の内容が公務員としてふさわしいものか、そのテーマについて、どの程度深い認識・考えを持っているのか

②論理性
- 受験生が論文の中で主張する認識・考えを、論理的に説明できているか

③表現力
- 問題意識や論理性を、的確に文章で表現できているか

論文の評価基準は3点に集約できる

　論文の具体的な評価基準について説明しましょう。当然のことながら、自治体によって評価基準は異なるのですが、公務員試験における論文の評価基準は「問題意識」「論理性」「表現力」の3つに集約できるといえます。

　このほか、判断力、構想力、構成などを評価基準とすることもありますが、これらは先の3点をもう少し細かくしたものとなります。

評価基準をきちんと理解して論文対策に臨もう

　問題意識は、

> 論文の内容が公務員としてふさわしいものか、またそのテーマについて、どの程度深い認識・考えを持っているのか

ということです。前者については、公正中立が求められている公務員の論文であるのに、極端に偏った内容になっていないかということです。後者については、単に知識の量が多ければよいということではなく、与えられたテーマに対して広い視点で考えているか、「提案する解決策が具体的か」などがあります。

　論理性は、

> 受験生が論文の中で主張する認識・考えを論理的に説明できているか

ということです。論文の中の主張が、単なる受験生の思いつきなどではなく、理由や根拠を挙げて自分の主張を説明できているかが問われます。

　論理的に説明するとは、先のように理由や根拠を明確にすることもあります。また、「ネコはネズミを追う。タマはネコだ。だから、タマはネコを追う」のような三段論法など、論理的な説明にはいくつかの方法があります。文章の中で論理的飛躍があったり、矛盾があったりすれば論理的な文章とはいえません。

　表現力は、

> 問題意識や論理性を文章で表現できているか

ということです。いくら立派な問題意識や論理性を持っていても、それをきちんと文章で表現できなければ読み手には通じません。「原稿用紙の中で的確に記述されているか」という点がポイントになります。

　論文は長文になりますので、どうしてもペンの勢いで論理的でなくなったり、一文が長すぎてわかりにくかったりする論文が結構あるのです。

Point 4 誰が、どのように？
論文採点の真実

論文採点官は、実際にどのように採点しているのか

論文の採点は、自治体職員もしくは専門業者が行う

自治体職員の採点の例

①論文はコピーされて、複数（通常は2人）の採点官に渡される

②採点官は、先に総合評価の得点を決め、その後個別評価に点数を割り振る

③相対評価が行われることがある
- 相対評価：受験生を成績優秀な者から順位付けする方法
- 絶対評価：集団内での順位にかかわらず、個人の能力に応じてそれぞれ評価する方法

採点官　　　　採点官

はい　　　きびしくニャー

論文は自治体職員か専門業者が採点する

論文はどのように採点されているのでしょうか。

まず、**採点している人ですが、これは当該**（受験生が受験する自治体のこと）**自治体職員の場合と専門業者の２つがあります**。当該自治体職員の場合は、管理職が中心です。管理職は、自分が採用されるときにはもちろんのこと、課長に昇任するために受験する昇任試験でも論文試験があるために、論文に慣れているのです。さらに、Point 1 でも述べた文書主義によって、業務の中で文書と向き合うことが多いので、こうした論文の採点にも慣れているのです。

専門業者については、採用試験の問題を作成したり、論文採点や面接官を行ったりする業者がいて、そうした業者に論文採点をまとめて委託していることもあります。ここでは、自治体職員が採点する例について説明します。

自治体職員による採点は総合評価〜個別評価の順

受験生が提出した論文はコピーされて、複数（一般的には２人）の採点官に渡されます。1 人の採点官では評価が偏ってしまう可能性があるため、複数の採点官が評価して点数を決めるのです（２人の採点の平均点もしくは合計点）。

採点には、個別評価と総合評価があります。個別評価は問題意識、論理性など５項目各 20 点などとすれば、総合評価は合計で 100 点となります。採点官は、受験生の論文を読み、まず総合評価の得点を決めます（「80 点だな」というように）。そして、個別評価に点数を割り振るのです（「合計は 80 点だから、問題意識は 15 点、論理性は 10 点で……」など）。

このように、**論文の採点は個別評価をして合計を決めるのではなく、総合評価が先**なのです。なぜなら、論文は全体の印象が重要なので、個別評価から先に採点してしまうと、結果的におかしなことになってしまうのです。

個別評価も総合評価も、客観的に点数が決められるものでなく、あくまで採点者の主観になってしまいます。このため、先に総合評価を決めないと、つじつまが合わなくなってしまうことがあるのです。

また、論文で相対評価（受験生を成績優秀な者から順位付けする方法）を行うことがあります。これは、どうしても受験生に差をつける必要がある場合（論文と面接の得点だけで合格者を決めるようなケース）、たとえば A 〜 E のようにグループに分けるのです。A は 80 点以上、B は 60 〜 79 点のように、あらかじめその点数に収まるように採点することもあります。各グループには人数が定められ、受験生が正規分布になるようにするのです。

公務員試験における論文攻略の極意

公務員試験における論文のポイント

- 公務員試験の論文は、大学の卒業論文や研究者の論文とは異なる
- 次の点に注意する

①論文では、公務員として意思表明することが大事
- 受験生が評論家的な表現を用いると、採点官としては受験生が自ら取り組んでいこうという意思が感じられない

②知識は重要でない
- 知識の有無については、択一式試験などで判断できる

③強い個性は必要ない
- 行政の現行の施策からはとても実現不可能な内容を書くことは、公務員試験の論文としては不適当

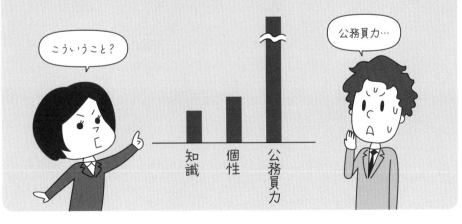

論文では「私は公務員として〜する」と意思表明する

「論文」と聞くと、大学の卒業論文や研究者が発表する論文を思い浮かべてしまう受験生も多いのですが、公務員試験の論文はまったくの別物です。この点を理解しておかないと、せっかく原稿用紙を文字で埋め尽くしても、まったくのムダになってしまうことがあるので注意が必要です。では、公務員試験の論文とはどのようなものなのか、そのポイントをまとめてみます。

第1に、**論文では、公務員として意思表明することが大事**だということです。たとえば、テーマが以下のものだったとします。

> 少子高齢化社会におけるまちづくりについて、あなたの考えを述べなさい

このとき、「市は保育所を整備すべきだ」「高齢者の生きがいづくりに取り組む必要がある」など、「自治体に『〜すべき』」という評論家的な表現が多いのですが、これは極力避けるべきです。

表現としては、「私は公務員として、保育所の整備に取り組んでいく」のように、受験生が公務員として主体的に取り組むことを明確にします。なぜなら、この試験はあくまで公務員の採用試験であって、研究者や第三者の論文ではないからです。受験生が先のような評論家的な表現を用いると、採点官としては受験生が自ら取り組んでいこうという意思が感じられません。

大量の知識は無用、強い個性も不要

第2に、**知識は重要でない**ということです。先のテーマであれば、「日本の合計特殊出生率は、20××年に1.30となり〜」「令和〇年の日本の高齢化率は29.1％となった」など、論文の中でテーマに関する知識を数多く並べる論文がありますが、「知識が多いこと＝よい論文」ではありません。

論文試験では、採点官は受験生の考えを知りたいのであって、受験生の知識の量を見ているわけではないからです。そもそも、知識の有無については択一式試験などで検証できます。

第3に、**強い個性は必要ない**ということです。公務員には公平性・公正性が求められますが、それは論文においても同様です。このため、「定年退職した高齢者がすべて再就職できるよう、自治体は完全なバックアップ体制を構築する」「私は保育所完全入所システムを構築する」のような、奇抜な内容は不要です。行政の現行の施策からみると、とても実現不可能な内容を書くことは、公務員試験の論文としては適切ではありません。

「書いてはいけない」
「してはいけない」
論文試験のタブー

公務員試験の論文では書いてはいけないことがある

①個人が特定される情報
- 個人が特定されてしまうと、採点に影響を与えるため

②公務員としてふさわしくない内容
- 公務員は公正中立が原則
- あまりに個性的な内容・独特の見解であれば、採点官は「この受験生は相当変わっているな」と判断してしまう

③行政批判・自治体批判
- 自治体の課題を指摘するため、「○○市の子育て支援施策は遅れている」のような表現をうっかり使いがち

個人が特定される情報、公務員として不適切な内容はNG

公務員試験の論文では、書いてはいけないことがあります。これも大事な点ですので、以下に整理しておきましょう。

第1に、**個人が特定される情報**です。

- 私は○○大学△△学部の春日文生です
- 私春日文生は、これまでサークルの幹事長としてリーダーシップを発揮してきました

などです。個人が特定されると採点に影響するため、記載してはいけません。

第2に、**公務員としてふさわしくない内容**です。公務員は公正中立が原則です。それにもかかわらず、あまりに個性的な内容であったり、独特の見解であったりすれば、採点官は「この受験生は相当変わっているな」と判断してしまいます。これでは、公務員としての適格性が疑われて、一発でアウトとなってしまいます。

うっかりやりがちな「受験自治体の批判」には要注意！

第3に、**行政批判、自治体批判**です。これは、

- ○○市の子育て支援施策は遅れている
- 防災対策が不足している

などの表現です。「そんな批判を、論文で書くはずがない！」と皆さんは思うかもしれませんが、実は案外書いてしまうのです。

「今後、本市は子育て支援にどのように取り組んでいくべきか、あなたの考えを述べなさい」という出題だったとします。この場合、受験生は、「待機児童が依然として多く、保育所が不足している」のような文章を書きます。たとえば、「本市の待機児童は、本年4月現在78人となっており、昨年よりも増加している。依然として待機児童は、本市の大きな課題となっており、子育て支援が十分とはいえない」のように、受験生本人は批判したつもりはなくても、批判したような表現になってしまうのです。

論文では、受験生の意見を書くことがメインになります。このため、どうしても問題点を指摘せざるを得ず、批判的な表現になってしまうので、注意が必要なのです。

ちなみに、こうした場合、「本市は子育て支援に力を入れて成果を挙げてきたが、依然として次のような課題がある」のような表現が適当です。

Point 7 論文と作文、両者の違いを知っていますか

論文と作文の違いは

- 論文：論理的な文章
- 作文：ある出来事や物事に対して自分の心境や感想を述べる文章

受験種目が作文となっている場合でも、
実質的には論文とは変わらないと考えてよい

論理的な文章を意識すると、
非常に明確なわかりやすい文章になる

自分の心境や感想を述べるのが作文

公務員試験の受験種目が論文ではなく、作文となっていることがあります。**作文とは、ある出来事や物事に対して自分の心境や感想を述べる文章**です。相手の感情に働きかけることを目的としており、論理性は不要とされています。

高卒を対象とした公務員試験の作文では、「これまでに最も人に感謝した出来事について」のような課題があります。ただし、この場合でも表現力や構成力などをみると受験案内に書かれています。このように、**作文となっている場合でも、実質的には論文とは変わらないと考えてよい**でしょう。

作文のテーマとしては、このほかにも

● 自分が成長したと思えること ● 社会人としてのマナー
● 私がめざす公務員像 ● 私の誇り

などがあります。まずは、自分が受験する自治体で、どのように記述（受験種目名やその評価基準など）されているかを確認しておきましょう。

論理を用いた作文は、明確な文章になる

作文は自分の心境や感想を述べる文章ですから、理由や根拠が必要ということはありません。このため、どうしても記述がバラバラ、あっちこっちに飛んでしまい、一貫性に欠けてしまうことがあります。

しかし、作文であっても論理的な文章を意識すると、非常に明確なわかりやすい文章になります。たとえば、「私がめざす公務員像」という課題で、「私は、住民に信頼される公務員になります」と主張したとします。

その後に、その理由も書くのです。

住民に信頼されない公務員では、自治体に対しても不信感を持たれてしまい、適切なまちづくりが行えなくなってしまいます。このため、公務員には住民から信頼されることが必要です

などとあれば、採点官は納得するはずです。このように、**理由や根拠が書かれた作文と、書かれていない作文であれば、どちらが高評価になるかは自明の理**です。

以上のことからもわかるように、受験種目が作文となっていても、基本的には論文と変わらないと考え、論理的な文章にすることを意識したほうがよいでしょう。

油断禁物！ 意外なところに潜む論文の減点ポイント

Point 8

論文が減点されるケース

①文字数に過不足がある場合

● たとえば「1,000 字以上 1,500 字未満」の指定字数の論文で

1,000 字未満	0 点の可能性もある
1,500 字以上	一般的に、上限文字数の上限の 1 割以上になると減点 ※ 1,650 字以上は減点

● 文字数は実際に書いた文字の数ではなく、使った原稿用紙の行数で判断

②誤字脱字がある場合

● 誤字脱字が 1 つだけであれば許容されるが、複数ある場合には、確実に減点の対象

③縦書き・横書きの間違い

● 答案用紙を間違って使っている

④課題番号や氏名の記入漏れ

● 複数の問題から選択して答える場合に、課題番号を記入しなくてはいけない
● 氏名の記入漏れの場合には、0 点の可能性もある

誤字は減点…
漢字苦手…

全部
ひらがなで
書けば！

漢字頑張り
なよー

指定字数に満たずは0点、1割以上超過は減点

　論文は2人以上の採点官によって評価されます。論文の評価に当たっては、当然のことながら採点官の勝手な判断で採点されては困ります。しかしながら、長い文章の採点ですから、数学のような唯一絶対の正解というのも存在しません。そこで存在するのは、「こういう場合には減点しましょう」という基準です。それを紹介します。

　第1に、文字数に過不足がある場合です。「1,000字以上1,500字未満」の指定があったとします。この場合、1,000字未満は最低基準を満たしていないため、0点の可能性があります。また、上限を超える場合については、一般的に上限の1割以上になると減点といわれています。このため、先の例でいえば、1,650字以上になると減点になる可能性が大きいでしょう。

　なお、文字数は実際に書いた文字の数ではなく、使った原稿用紙の行数で判断します。1行20文字の原稿用紙で50行を使用すれば、1,000字となります。改行して空白のスペースがあったとしても、その分はカウントされています。だからといって、やたら改行してとにかく行数を稼げばよいというわけでなく、そうした書き方も減点の対象です。

誤字脱字、書字方向違い、課題番号の記入漏れ

　第2に、誤字脱字がある場合です。一般的に、誤字脱字が1つだけであれば許容されるのですが、複数ある場合には、確実に減点の対象となります。

　テーマ中の「効率的な行政運営」を誤って「功率的な」と誤記してしまったとしましょう。そうすると、テーマの用語であるため、何度も誤字が書かれてしまうことになり、結果、大幅な減点を招いてしまいます。こうしたこともあり、文字を正しく書くのはもちろんのこと、自信のない文字は平仮名で書いたほうが無難です。

　第3に、縦書き・横書きの間違いです。たとえば、横書きの原稿用紙なのに、勘違いして縦書きで書いてしまう受験生がいます。これも大幅な減点の対象となります。

　第4に、課題番号や氏名の記入漏れです。複数の問題があり、その中から1題を選択して論文を書く場合があります。その際、答案用紙に選択した課題番号を記入しなくては、採点官にはどの問題に答えたのかがわかりません。氏名の記入漏れの場合には、0点の可能性もあるでしょう。

トレーニングでうまくなる！論文スキルアップのための4ステップ

論文の勉強方法

①合格論文を読むこと
- 本書などの参考書や通信講座などを活用して、合格論文を確認する

②実際に書いてみること
- 「どうすれば論文を書き上げることができるか」ということがわかってくる

③添削を受けること
- 本当に合格レベルに達しているか否かについては、第三者に判断してもらうことが必要

④多くの問題で練習すること
- 多くの問題で練習することで、応用力が身につく

できるだけ多くの合格論文を読み、実際に書いてみよう

　具体的な論文の勉強方法について説明します。次の4ステップで考えるとよいでしょう。

　第1のステップは、合格論文を読むことです。当然のことですが、合格論文のレベルがわからなければ、合格論文を書けません。目的地がわからなければ、ゴールすることができないのと同じことです。このため、本書などの参考書や通信講座などを活用して、できるだけ多くの合格論文を読みましょう。この際、

- 論文の構成は、どのようになっているのか
- テーマに対して、どのような解決策を提示しているのか
- 論理的な文章になっているか
- 表現はわかりやすいか

など、構成・内容・論理性・表現などに注意して読み進めることが必要です。

　第2のステップは、実際に書いてみることです。多くの合格論文を読むと、自分にも書けそうな気になりますが、実際に論文を書き上げるのはとても難しいことです。800字以上もの長い文章を論理的にまとめるというのは、なかなかの苦労があります。しかし、何回か論文を書いていけば、「どうすれば論文を書き上げることができるか」ということがわかってくるはずです。

自分が書いた論文の添削を受けて合格レベルを知ろう

　第3のステップは、添削を受けることです。論文を書き上げたとしても、それが本当に合格レベルに達しているか否かについては、やはり第三者に判断してもらうことが必要です。

　このため、やはり通信教育や公務員予備校などの各種講座を利用する方法があります。最近では、「ココナラ」などのスキルマーケットを活用するケースもあります。元採点官がサービスを提供していることもあり、論文1件単位で依頼することが可能です。

　添削を受けることで、自分の論文の欠点が見えてきますので、着実に論文を書く力が身についてくるはずです。

　第4のステップは、多くの問題で練習することです。最後に、いろいろな種類のテーマで練習することで、応用力が身につきます。そうすると、どのようなテーマで出題されても、論文を書き上げることが可能となります。なお、この際、必ずしも論文をすべて書き上げる必要はありません。頭の中で、どのようなことを書けばよいのかを考えるだけでも十分練習になります。

論文を書くために
絶対押さえておきたい
3つの要点

論文では受験生がその自治体で何をするかを書く

そのためには次の3つを理解しておくことが重要

①国・都道府県・市区町村の役割の違い

- 都道府県を受験しているのに、「市区町村が行うこと」を書いている論文では困る

②自治体の総合計画

- 総合計画とは、自治体の最上位計画に位置づけられるもので、一般的にすべての行政分野の取組内容がまとめられているもの
- その自治体の現状の半歩先・一歩先の内容を提案することが可能となる

③自治体の組織

- 「どの部署で何を行っているのか」を知ることで、まさに自治体職員の視点で自治体の取組みを理解することができる

基本ね

	国	都道府県	市区町村
役割			
総合計画			
組織			
取組み			

僕は市区町村だから…

国・都道府県・市区町村の役割の違いを押さえる

公務員試験の論文を書くに当たっては、次の３点を押さえておく必要があります。

第１に、国・都道府県・市区町村の役割の違いです。国にはさまざまな省庁がありますが、基本的には

法律をつくるなど、日本全体に関係する制度や仕組みをつくる

のが国の役割です。また、外交と防衛は、基本的に国の専管事項です。

一方で、国民の生活に最も身近なのは、市区町村である基礎自治体です。

住民票や印鑑証明の取得、公立小中学校への入学、ごみの収集・運搬、高齢者・障害者福祉

など、まさに生活に密着した業務を行っています。

わかりにくいのは、都道府県である広域自治体の業務です。こちらは、基本的に市区町村のサポートが多いのですが、

県立高校や県道の管理、病院、労働に関すること

など、広域自治体特有の事務もあります。

このため、「少子高齢化への対応」というテーマであっても、都道府県と市区町村では、書くべき内容が異なってきます。

総合計画で自治体の取組内容を押さえる

第２に、自治体の総合計画です。当然のことながら、行政は行き当たりばったりで事業を行うのでなく、計画を立てて取り組んでいます。自治体の最上位計画に位置づけられるのが総合計画です。

論文を採点していると、「答案に書かれている内容は、すでに自治体が行っていることばかり」ということがあります。これでは、高得点の論文にはなりません。論文では、現状の半歩先・一歩先の内容を提案する必要があります。

第３に、自治体の組織です。自治体の組織は、民間企業などと同様に、部・課・係などのピラミッド構造になっています。「どの部署で何を行っているのか」を知ることで、まさに自治体職員の視点で自治体の取組みを理解することができます。たとえば、教育委員会の視点であれば「子どもの貧困」を小中学生の立場から考えることとなり、より具体的に考えることができます。

イケてる論文の**3つの材料**は「**予算**」「**議会**」「**広報**」

論文を書くための 3 つの材料

一般的な教科書や新聞報道などから調べることができない、その自治体に特化した情報を得るには……

①予算
- 新年度の「予算案概要」など

②議会
- 所信表明、議会招集挨拶、質問に対する答弁など

③広報
- 自治体の概要や特徴などを調べるには、その自治体の広報を知ることが手っ取り早い

お金の使い方を見れば、自治体の取組みがわかる

　論文を書くためには、参考資料となる材料が必要です。効果的な材料は次の3つです。

第1に、予算です。

- その自治体が何を行っているかは、結局のところ、どこにお金を使っているのかを見ればわかる
- 自治体の予算を知ればそれがわかる

　具体的には、自治体のホームページに掲載される新年度の「予算案概要」などを確認するとよいでしょう。特に、その自治体特有の特色ある事業などは、積極的にアピールしていますので、よくわかるはずです。

自治体の状況把握にぜひ活用したい議会と広報

第2に、議会です。

- 首長（都道府県知事や市区町村長）が行う所信表明や議会招集挨拶は、そのときどきの自治体の状況をまとめたもの
- これらを読むことによって、自治体を取り巻く環境、今後の方向性、重要となっている課題などを知ることができる

　論文の冒頭で、その自治体の状況などを説明する際に活用できます。

　議会では議員が行う質問に対して、首長や幹部職員が答弁を行います。このやり取りを確認しておけば、その行政課題に対する問題点や、それに対して自治体がどのように考え、何をしようとしているのかがわかります。議会のホームページには、本会議や委員会の記録をキーワードで検索する機能が付いていることが多いので、それらから調べることも効果的です。

第3に、広報です。

- その自治体の概要や特徴などを調べるには、その自治体の広報を知ることが手っ取り早い
- 人口、歴史、産業、観光名所などの基礎情報のほか、特色ある事業やさまざまな取組みなども教えてくれる

　できれば、受験する自治体を実際に訪ねてください。広報部門では自由に地図や冊子を受け取れますので、遠慮する必要はありません。疑問があれば、担当職員に直接尋ねてもよいでしょう。担当職員は広報するのが仕事なのですから、さまざまなことを教えてくれはずです。

教えて！ 春日先生

読む気がしない論文

●

（受験生）採点官の人は論文を読むのが仕事だとは思いますけど、ずばり、読む気がしない論文って、ありますか？

（春日文生）字が汚くて読めない論文！　これが一番困る。判読できなければ採点もできないからね。だから、字は下手でも丁寧に書くことを、受験生の皆さんには強く強くプッシュしたいね。

確かにそうですね。ほかには？

一文が長すぎる論文も難敵だね。難しい文章に見せたいのか、やたら一文を長くしている論文が多い。これは最近、特に多い印象があるなあ。

共感できなくもないかも。ボクも文が短いと、おバカっぽい……いえ、内容のレベルが低いように感じちゃうんですよね。

そんなことはないよ！　かえって一文が長すぎると、主語と述語がねじれて一致しなくなったり、何を主張したいのかわかりにくくなったりする弊害を生じやすい。実際、そういう論文は何度も読み返さなくてはいけないんだよ。

わー、めんどうくさいなあ。

だろう？　そもそも、一度読んでわからない文章というのは、それだけで欠陥があるということだしね。

それで、読む気がしなくなると。

そういうこと。ゆえに「面倒な論文」は、採点官の印象も悪くなるわけだ。だから、自然と採点が厳しくなるとか、ならないとか……。

えーっ！

スマートな論文執筆の技法14

ぶっつけ本番では合格レベルの論文は書けません。出題テーマに関する知識や見識が必要なのは当然ですが、それだけで合格できるほどぬるくはありません。公務員試験で出題される1,200～2,000字程度の論文ならではの執筆方法、技術的ルールなど、ちゃんと作法があるんです。多くの論文を採点した元採点官だからこそアドバイスできる論文の本当の書き方を、あなたはいくつ知っていますか。

Method 1

3部構成か 4部構成で書こう

論文は 3 部構成か 4 部構成

3 部構成 （1,500 字未満）	4 部構成 （1,500 字以上）	概要
序章	序章	テーマの重要性について述べる
本論	問題点	3 点の主張を述べる
	解決策	
終章	終章	再びテーマについて言及する

共通の事項

①各部の冒頭にはタイトルを付ける
②序章と終章は簡潔にまとめる

文字数の目安

3 部構成（1,200 字の場合）		4 部構成（2,000 字の場合）	
序章	200 字	序章	300 字
本論	900 字	問題点	700 字
		解決策	800 字
終章	100 字	終章	200 字

3部構成や4部構成は書きやすくて読みやすい

公務員試験の論文については、3部構成か4部構成で書くのが一般的です。3部か4部で書いたほうが、受験生にとっては書きやすく、また採点官にとっても理解しやすいのです。

なお、指定された文字数が1,500字以上であれば4部構成、1,500字未満であれば3部構成にします。

構成をなす要素と押さえておきたい注意点

3部構成の論文は、序章・本論・終章に区分できます。行政課題がテーマであれば、

序章	与えられたテーマが自治体にとって重要な課題であることを説明する
本論	そのテーマに対して受験生の意見を3点述べる。具体的には、テーマを3つの視点(たとえば、「住民への影響」「自治体への影響」「自治体職員への影響」など)で考え、それぞれについて受験生が意見(主張)を述べる
終章	序章と重複しない内容で、再びテーマについて言及するとともに、公務員としての決意表明を述べる

のようになります。

次に、4部構成ですが、序章・問題点・解決策・終章の4つに区分できます。

序章	※3部構成の論文と同じ
問題点	テーマに対して問題点を3点指摘する
解決策	問題点3点の解決策を提示する
終章	※3部構成の論文と同じ

問題点を3点指摘し、それぞれにつき解決策を提示することで、3部構成よりも、より深くテーマについて述べることが可能となります。

なお、両者に共通の注意点として、以下の点があります。

第1に、**各部の冒頭にはタイトルを付ける**ことです。各部の冒頭には「1　本市の少子化の状況」「2　少子化対策の3つの視点」「3　持続可能な社会に向けて」のようなタイトルを付けます。タイトルで各部の概要がわかります。

第2に、**序章と終章は簡潔にまとめる**ということです。論文で最も重要なのは受験生の意見ですから、3部構成であれば本論、4部構成であれば問題点・解決策となります。このため、この部分に重点を置いて論文を書くことが必要ですので、序章と終章については簡潔にまとめることとなります。

Method **2**

箇条書きして
論理性でつなげよう

ステップ①　各部の概要を箇条書きで考える

出題テーマ例：本市の高齢化対策について

序章	● 本市にとって、高齢化対策は喫緊の課題である
本論	● 高齢者施設を整備する ● 介護人材など人手の確保を行う ● 高齢化に対する職員の意識を高める
終章	● 私は職員として高齢化対策に全力で尽くす

※３部構成の場合

ステップ②
箇条書きを膨らませて、論理性でつなげる

● 本市の高齢者は年々増加している
　↓
● 高齢者が増えると社会保障費が増加する
　↓
● 社会保障費の増加は、市財政に大きな影響を与える
　↓
● このため、今から将来を見据えて対応することが必要
　↓
● 高齢化対策は喫緊の課題である

※前後の箇条書きが、論理的につながっていることが重要

序章の骨格が完成した！

各部の内容は箇条書きで考えよう

　採用試験の論文の文字数は、一般に1,000字程度、多い場合は2,000字にも及びます。この長い文章を、いきなり書き上げられる人は少ないでしょう。そこで、できるだけ短時間で論文の書き方を身につけるためのポイントを、お伝えしたいと思います。

　まず、覚えてほしいことは**「箇条書き」で考えること**です。「本市におけるこれからの高齢化対策について」をテーマとして、3部構成の論文を書くと仮定します。まず、各部の内容を箇条書きで並べてみます。

　序章はテーマの重要性を説明するので、簡単に「本市にとって、高齢化対策は喫緊の課題である」とします。簡単すぎると思うかもしれませんが、序章で述べたいことを究極にまとめるとこれだけです。次に本論ですが、3つの視点で自分の意見を述べるので、ここではハード、ソフト、自治体職員の3つと仮定します。そして、「高齢者施設を整備する」「介護人材など人手を確保する」「高齢化に対する職員の意識を高める」の3つとします。最後に、終章は序章と重ならない内容でテーマの重要性や決意表明を述べる部分ですので、「私は職員として高齢化対策に全力で尽くす」とします。

　これで、各部の概要は決定しました。

箇条書きを膨らませて論理性でつなげよう

　次に、各部の内容をより細かくしていきます。ここでは序章を例にします。「高齢化対策は喫緊の課題である」ことをもう少し詳しく説明するために、肉付けをしていきましょう。たとえば、

> 「本市の高齢者は年々増加している」→「高齢者が増えると社会保障費が増加する」→「社会保障費の増加は、市財政に大きな影響を与える」→「このため、今から将来を見据えて対応することが必要」→「高齢化対策は喫緊の課題である」

という流れが考えられます。このように、**箇条書きだけで、内容を膨らませていく**のです。これにより、論文の骨格ができあがります。あとは、実際の文章にするため、さらに内容を膨らませていくのです（このような思考は、いわば「風が吹けば桶屋がもうかる」式です）。

　大事なポイントは、**箇条書きどうしが論理的につながっていること**です。「○○だから、△△となる」「△△となると、◇◇である」「◇◇である、なぜなら××だから」というように、前後が論理的につながっていることが重要です。この前後がうまくつながらない場合は、論理的でない証拠です。

テーマに対する**意見**を **3つ**決めよう

自分の意見を 3 つにまとめる

3 つの視点をあらかじめ決めておくと、考える手間が省ける

3 つの視点の例

ハード、ソフト、自治体職員

①ハード	施設などのインフラ
②ソフト	金銭、人的側面、各種サービスなど
③自治体職員	自治体職員の意識啓発

住民視点、自治体視点、経済・財政視点

①住民視点	住民からの問題点
②自治体視点	自治体からの問題点
③経済・財政視点	財政負担などからの問題点

緊急性による分類

①短期的課題
②中期的課題
③長期的課題

3つの視点はあらかじめ決めておくと本番が楽になる

　論文が３部構成でも４部構成でも、本論もしくは解決策の部分で、自分の意見を３点述べます。「なぜ３点なのか？」と疑問を持つかもしれませんが、４つ以上になると聞き手は理解しにくいといわれるからです。ビジネスにおけるプレゼンテーションなどでも「３ポイントルール」として、重要なことを３つにまとめるのが一般的になっているのです。

　では、この３点を具体的にどのように定めたらよいでしょうか。３点は、あくまで論文の視点ですので、単なる受験生の思いつきではダメです。また、試験当日にその場で考えるというのも困難です。このため、あらかじめ３つの視点を決めておきましょう。そうすれば、考える手間が省けます。

幅広い出題テーマで使えて重宝する3つの視点例

　では、３つの視点の例です。

　まず、「ハード、ソフト、自治体職員」があります。ハードは施設などのインフラです。ソフトは補助金や手当などの金銭や人的側面、各種サービスをいいます。そして、自治体職員は自治体職員としての意識啓発などをさします。子育て支援でも高齢化対策でも、行政課題を考える際には、この視点はわかりやすいです。ハード・ソフトは住民向けですが、自治体職員は自治体向けなので、明確に視点が異なります。

　次に、「住民視点、自治体視点、経済・財政視点」があります。たとえば、待機児童対策として、住民からすれば認可保育所の整備が最も重要ですが、自治体の経費負担を考えると、低年齢児用の小規模保育所の整備は認可保育所よりも低額で済みます。さらに、経済的視点で考えると、施設整備には多大な費用を要しますので、認可外保育所やベビーシッターの利用者への補助という案も考えられます。

　さらに、緊急性による分類という考え方もできます。これは、与えられたテーマに対して、「短期的に解決するもの」「中期的に解決するもの」「長期的に解決するもの」のように、テーマを緊急性によって分類して、視点を整理するものです。防災対策であれば、短期的には備蓄物資の整備、中期的には隣接市との合同防災訓練実施、長期的には防災センターの建設のように、時間軸によって視点を区分するのです。

　以上のように、３つの視点にはいろいろな考え方があります。実際に論文を書かなくても、この視点を考えるだけで論文の学習になります。

意見は論理的に説明しよう

出題テーマ例

個人情報の取扱いについて、あなたの考えを述べよ

記述例①　一般的ルール＋観察事項＝結論

　第1に、`解決策＝リード文`個人情報の取扱いの基準づくりである。`一般的ルール`市民の権利利益を守るためには、市民の個人情報を厳格に管理する必要がある。`観察事項`アルバイトでも顧客の個人情報を取り扱っているが、個人情報を掲載している書類が職場に放置されていたり、個人情報ファイルにパスワードが設定されていなかったりといった問題が起こりやすく、公務員の場合であっても同様の注意が必要である。このため、`結論＝解決策`個人情報の取扱いの基準を明確化する必要がある。`解決策実施の効果`これにより、個人情報の取扱いがルール化されて、適切に個人情報を管理することができる。

記述例②　解決策を実施する理由・根拠を説明する

　第2に、`解決策`職員の意識の徹底である。`理由①`個人情報の取扱いの基準が構築されたとしても、職員がそれを遵守しなければ、個人情報が流出してしまう危険性がある。`理由②`現在でも、職員によるUSBメモリの紛失や、メール誤送信による個人情報の流出などの報道がされている。このため、`結論・具体的解決策①`職員に対して個人情報に関する研修を実施する。また、`結論・具体的解決策②`定期的に、職場において個人情報の取扱いを確認する。`解決策実施の効果`これにより、個人情報の流出を防ぐことができる。

「一般的ルール＋観察事項＝結論」のパターン

　３部構成では本論で、４部構成であれば解決策の部分で、自分の意見を述べます。この書き方については、いくつかのパターンがあります。左ページの記述例①は、「個人情報の取扱いについて、あなたの考えを述べよ」というテーマに対する論文です。３部構成の論文で３つの意見の１つ目です。

　この意見の構成としては、先頭に「第１に、個人情報の取扱いの基準づくりである」と意見全体の概要を示すリード文があります。この後、「市民の権利利益を守るためには、市民の個人情報を厳格に管理する必要がある」という一般的なルール（法則）について述べ、次に「アルバイトでも顧客の個人情報を取り扱っているが、個人情報を掲載している書類が職場に放置されていたり、個人情報ファイルにパスワードが設定されていなかったりといった問題が起こりやすく、公務員の場合であっても同様の注意が必要である」という観察事項を記述しています。

　この一般的ルールと観察事項を組み合わせて、「個人情報の取扱いの基準を明確化する必要がある」という結論を導いています。そして、その実施により見込まれる効果、「これにより、個人情報の取扱いがルール化されて、適切に個人情報を管理することができる」と書きます。これは一般的な意見の構成で、**一般的ルール＋観察事項＝結論**となるのです。これを演繹法・三段論法ともいいます。「タマはネズミを追う」（ルール）＋「タマはネコだ」（観察事項）＝「タマはネズミを追う」（結論）のパターンです。

解決策を実施する理由・根拠を説明するパターン

　記述例②は、同じテーマの２つ目の意見です。ここでは、リード文である意見「職員の意識の徹底である」を実施する**理由・根拠を説明**しています。つまり、①個人情報の取扱いの基準が構築されたとしても、職員がそれを遵守しなければ、個人情報が流出してしまう危険性がある、②現在でも、職員によるUSBメモリの紛失や、メール誤送信による個人情報の流出などの報道がされているとの理由から、「意識の徹底」が必要だと主張しているわけです。そのうえで、③職員に対して個人情報に関する研修を実施する、④定期的に、職場において個人情報の取扱いを確認する、という具体的な方法を提示しています。

　リード文の「職員の意識の徹底」が解決策の概要とすれば、③と④は具体的な解決策の内容となります。このように、**解決策が具体的であれば、採点官を納得させることができます**。

序章と終章は
パターン化しよう

序章の書き方

記述例① : 今後予想されることを述べるパターン

　令和〇年 4 月現在、本市の高齢者は 43,000 人を超えており、今後も増加が見込まれている。高齢者の増加は、社会保障費の増加に直結し、今後の市財政に大きな影響を与える。このため、今から将来を見据えて対応することが必要である。まさに、高齢化対策は本市の喫緊の課題である。

　　　　　　　　　　（テーマ「本市における今後の高齢化対策について」）

記述例② : テーマの背景を述べるパターン

　20 ××年の台風 19 号は死者 99 名、家屋の全壊も 3,000 戸を超え、大きな被害をもたらした。また、同年には震度 5 弱を観測する地震も発生し、市民が改めて防災の重要性を認識する年となった。市民の生命と財産が守られなければ、どのような施策も無為となってしまう。まさに、防災対策は喫緊の課題である。

　　　　　　　　　　（テーマ「防災対策として本市が取り組むべきこと」）

終章の書き方

記述例③

　人生 100 年時代といわれる現在、多くの市民が定年後も長い時間を地域で過ごすこととなる。そうしたときに、心身ともに健康で暮らすためには、経済的な問題はもちろんのこと、精神的・肉体的な健康づくりも極めて重要となる。すべての市民が本市に住んでよかったと思えるよう、私は市職員として、全力で高齢化対策に取り組んでいきたい。

　　　　　　　　　　（テーマ「本市における今後の高齢化対策について」）

序章の書き方

　序章と終章の内容は3部構成でも4部構成でも変わりません。この書き方はパターン化できます。なお、ここでは行政課題を取り上げます。「これまでの経験を、公務員としてどのように活かせるか述べよ」のような受験生個人に関するテーマの場合については、Chapter 3を参照してください。

　序章の目的は、与えられたテーマが行政にとって喫緊の課題であることを説明することにあります。そのためには、**①今後予想される事態を書く、②テーマの背景を述べるなどのパターンがあります。**

| ①今後予想される事態 | 与えられたテーマについては、「今後○○や△△などの問題が起こることが予想される。だから、このテーマは喫緊の課題だ」ということを説明する |
| ②テーマの背景 | 与えられたテーマについては、「過去に○○や△△などの問題があり、住民や行政に大きな影響があった。だから、このテーマは喫緊の課題だ」と述べる |

　つまり、①は未来を、②は過去をみて、テーマの重要性を述べているのです。

終章の書き方

　終章の目的は、序章と重ならない内容でテーマの重要性について再度言及するとともに、公務員としての決意表明を書くことです。

　左ページの記述例③は、記述例①と同じ「本市における今後の高齢化対策について」のテーマで書かれた終章です。注目してほしいのは、①（序章）と同じ内容を書かずに、テーマの重要性を説明していることです。①では、市の財政に言及しているのに対し、③（終章）では、市民の視点になっています。このように、**同じテーマの重要性を説明するのであっても、序章と終章では内容を変える必要があります。**

　多くの論文を採点していると、序章と終章が同じ内容であることが非常に多いのです。同じ内容では、採点官としても高評価は付けられません（だって、同じことを繰り返しているだけなので……）。ちなみに、終章の最後には、例にもあるように**公務員としての決意表明を述べます。これは、最後に一行を加える程度で十分です。**長々と書く必要はありません。

3部構成の 本論の書き方

例：テーマ「多文化共生社会」

①解決策の内容を簡潔なリード文にする

第1に、外国人住民への的確な周知・PRである。

②問題点の指摘❶

外国人住民へのアンケート結果によると、半数以上が「日本の生活ルールがよくわからない」と回答している。

③問題点の指摘❷

また、近隣の日本人とトラブルになったり、外国人だけで孤立してしまったりする事例がマスコミでも報道されている。

④具体的解決策❶

そのため、転入の際には外国人住民向けハンドブックの配付や、市のホームページの多言語化を行う。

⑤具体的解決策❷

また、翻訳サービスなどを日本人住民に周知し、日本人住民からごみ出し方法の情報などを発信しやすいようにする。

⑥解決策実施による効果

これにより、外国人住民の日本の生活ルールや文化の理解を促進することができる。

問題点は理由や根拠を示して説明する

　３部構成の本論では、テーマに対する解決策を３点述べます。この際、左ページのレジュメのような書き方がよく用いられます。この書き方について解説します。

　①は３点示す解決策の中の一つをまとめた文、リード文です。リード文とは、その後の④や⑤などの具体的解決策をまとめた内容です。このリード文があることで、採点官は、受験生の提案内容がすぐにわかります。

　②と③は問題点です。４部構成の場合には、問題点と解決策は分けて書くのですが、３部構成では問題点と解決策を一緒に書きます。このため、リード文のすぐ後に、テーマに関してどのような問題点があるのかを、理由や根拠を挙げて説明します。

　②ではデータを活用し、「外国人住民の半数以上が『日本の生活ルールがよくわからない』と回答しているのだから、外国人住民への的確な周知・PRは必要です」ということを述べているわけです。同様に③では、マスコミ報道を根拠にしています。

　このように、問題点の理由・根拠としては、データや数値で示す、研究者や学者の意見、マスコミ報道、事例（○○を見たなどの経験）などが考えられます。

論文のキモとなる具体的解決策は半歩先・一歩先の内容を

　④と⑤では、具体的な解決策を提示します。ここが論文で最も重要な部分です。注意してほしいことは、現在、**すでに自治体が取り組んでいることを書いても高得点にはならない**ということです。皆さんも採点官になったつもりで考えてほしいのですが、「これは、もうすでに実施していることだ」という内容では、高い評価を付けることは困難でしょう。それよりも、半歩先・一歩先の内容を記載することが求められるのです。そのためには、Chapter 1で説明した自治体の総合計画などを押さえておくことが必要となります。

　なお、ここでは具体的解決策を２つ挙げていますが、その数は論文の指定字数によって異なり、必ずしも２つというわけではなく、場合によっては１つだけ、または３つ挙げるということもあります。

　最後の⑥は、解決策を実施したことによる効果です。これによって、問題点で指摘したことは解消していることが求められます。

　なお、⑥の内容をリード文にしてしまうことがあるのですが、解決策の内容とそれによる効果は別のものとして、分けて考える必要があります。

4部構成の問題点と解決策の書き方

例：テーマ「本市の防災対策」

問題点の書き方

①問題点の リード文	第1に、住民の防災意識が不十分な点である。
②問題といえる 理由❶	東日本大震災以降、住民の防災意識は急速に高まったが、その後に低下していることが「市民意識調査」からもわかる。
③問題といえる 理由❷	また、災害があっても「自分だけは大丈夫だろう」と考えている住民が多いとのマスコミ報道がある。
④問題によって 想定される事態	これでは、各家庭で食料の備蓄なども行わず、災害時に多くの住民が困窮してしまうことになる。

解決策の書き方

⑤解決策の リード文	第1に、ターゲットを明確にした防災啓発の実施である。
⑥具体的 解決策❶	まず、町内会・自治会、民間事業所などに対象を区分し、それぞれの意識や特徴を配慮したリーフレットを作成する。
⑦具体的 解決策❷	また、実際に災害が発生した場合のシミュレーション動画を作成し、市のホームページに掲載する。
⑧具体的 解決策❸	さらに、マンション単位での防災訓練など、身近な場所での防災訓練を実施する。
⑨解決策実施 による効果	こうした取組みにより、市民が防災を「自分事」としてとらえるようになり、市民の防災意識を高めることができる。

「問題だ」という理由・根拠を示し、想定される事態を述べる

　４部構成では、第２部に問題点、第３部に解決策を書きます。この書き方についてもある程度パターン化ができます。実際の文章は左ページのレジュメに記載したとおりです。この書き方について解説します。

　まず、問題点の書き方です。①は問題点のリード文です。採点官に問題点の概要を伝える文となります。②と③は「なぜそれが問題といえるのか」という理由・根拠です。当然のことですが、「それが問題だ！」というならば、その理由・根拠を示さなければなりません。その方法としては、データや数値で示す、研究者や学者の意見、マスコミ報道、事例（○○を見たなどの経験）などが考えられます。いずれにしても、きちんとした理由・根拠を示さないと、採点官を納得させることはできません。

　④は、問題点によって想定される事態です。簡単にいえば、「これでは、今後、こんなひどいことが起こってしまう」ということです。

　以上のような形式にすれば、的確に問題点を指摘できます。

解決策には、抽象的でない具体的な内容が求められる

　次に、解決策の書き方です。**解決策は、問題点で示した内容に対応する形で書きます**。つまり、問題点❶に対しては解決策❶を、問題点❷に対しては解決策❷を……という形です。具体的な書き方は、次のとおりです。

　まず、⑤は解決策のリード文です。このリード文があることで、採点官には、受験生が何を提案しようとしているのかがすぐにわかります。

　⑥～⑧は、具体的解決策です。言い換えれば、⑤は⑥～⑧をまとめた文ともいえるでしょう。具体的解決策は、文字どおり具体的な内容が求められるため、単なる「住民の意識を高めます」のような抽象的な内容は不可です。

　また、現在、すでに自治体が実施していることをそのまま書くのではなく、その半歩先・一歩先の内容を記載することが求められるのです。そのためには、Chapter 1 で説明した自治体の総合計画などを押さえておくことが必要です。

　⑨は、具体的解決策を実施したことにより期待される効果です。簡単にいえば、「具体的解決策を実施すれば、こんな効果が期待できる」ということです。

　なお、実際には、全体の文字数の制限があります。このため、「問題といえる理由」や「具体的解決策」の数などは、それによって柔軟に変更していく必要があります。

Method 8 論文の骨格を
レジュメにまとめよう

論文レジュメの様式（3部構成用）

課題
1．序章

2．本論（問題点・解決策）
（1）
（2）
（3）

3．終章

論文レジュメの様式（4部構成用）

課題
1．序章

2．問題点	3．解決策
（1）	（1）
（2）	（2）
（3）	（3）

3．終章

レジュメは論文の設計図

これまで説明してきた内容がわかれば、論文の骨格をレジュメにまとめることができるはずです。レジュメは、左ページにあるとおり、論文作成に当たっての設計図となるもので、まさしく論文を要約したものになります。

実際に試験では、試験当日にテーマを見ることがほとんどです。このため、

- 解決策を何にするか
- どのように序章と終章を書くか

を、実際に文章を書く前に考えておく必要があります。このため、試験開始当初は、このレジュメづくりに取り組むこととなるはずです。

試験開始と同時に、いきなり原稿用紙に文字を書き始める受験生をときどき見受けますが、それは論文を勉強していない人か、事前の予想テーマがそのまま試験で出題された、よほどの幸運者のどちらかでしょう（ほとんどは前者だと推測しますが……）。

レジュメを書く際の注意点

レジュメを書く際の注意点は、以下のとおりです。

第1に、あらかじめ時間を決めておくことです。いくらレジュメが完璧でも、原稿用紙に反映されないのでは、意味がありません。このため、後述のように、構成（レジュメ）を考える工程も時間配分に組み込んでおきましょう。

第2に、レジュメは箇条書きで書き、論理的につなげるということです。

- ○○だから、△△となる
- △△となると、◇◇である
- ◇◇である、なぜなら××だから

というように、前後が論理的につながっていることが重要です。レジュメでもそうした内容になっているのかを意識してまとめていくことが求められます。

第3に、問題点と解決策の対応関係です。4部構成の場合、問題点と解決策は別のパートになります。このため、きちんと対応できているのかがポイントになります。問題点で指摘した内容が、提示した解決策を実施しても解消されないのであれば、それは論理的にはおかしいということになります。

3部構成の場合でも、問題点を指摘する文章を書きますが、やはり解決策実施によってもそれが解消されないのであれば、解決策とはいえなくなってしまいます。

「〜と思う」は使わず「〜だ」でズバッと断定しよう

論文の違いに注意

大学の卒論、研究者論文
- テーマに対して第三者的な立場から記述

公務員試験の論文
- 公務員として行うことを記述
- 論文は公務員になるに当たっての誓約書

使える表現・使えない表現

「〜だ」「〜である」と断定する
- 「〜と思われる」「〜と考えられる」などの婉曲的・推測的な表現は使わない

「〜を行う」「〜に取り組んでいく」など主体的な表現をする
- 「〜すべきだ」「〜が求められている」などの第三者的な表現は使わない

評論家・研究者にならず、公務員になったつもりで書こう

公務員試験における論文は、大学の卒業論文や研究者が発表する論文とは異なります。これに関連して、論文の表現で注意してほしいことがあります。それは、論文を書くスタンス・姿勢として「評論家にならない」「研究者にならない」ということです。

大学生の卒業論文、研究者が学会で発表する論文などは、テーマに対して第三者的な立場から記述します。このため、表現が「～と考えられる」「～と思われる」「～すべきだ」など、テーマから一歩引いた推測的な表現や、第三者的な表現となります。

しかし、公務員試験では受験生の評論や第三者的な意見を聞きたいわけではないのです。出題テーマが「あなたの経験は公務員としてどのように活かせるのか」など受験生個人に関するものであれば、「公務員になって何をしてくれるのか」を知りたいわけです。行政課題でも同様です。「今後の人口減少対策について」であれば、人口減少という行政課題に対して、「受験生はどのように考え、何をしてくれるのか」を知りたいのです。

このため、受験生は公務員になったつもりで表現します。具体的には、論文では「～と思われる」「～と考えられる」などの婉曲的・推測的な表現を避け、「～だ」「～である」と断定します。また、「～すべきだ」「～が求められている」などの第三者的な表現を用いず、公務員として「～を行う」「～に取り組んでいく」など主体的な表現を用います。

論文は公務員としての誓約書、大風呂敷は広げない

試験当日に与えられたテーマを評論、評価、議論するのでなく、「公務員として行うこと」を書きます。つまり、**公務員試験における論文は、公務員になるに当たっての誓約書**と考えるとわかりやすいかもしれません。

テーマが「少子高齢化対策」であれば、受験生が自治体の少子高齢化対策の担当者になったつもりで、どのような事業を実施していくのかを述べるのです。これが、論文で最も重要な受験生の意見に該当します。

ただし、まるで首長のように「あれも、これもやります」「これで問題は解決します」のような、大風呂敷を広げることがないよう注意してください（ときどき、選挙公約のような論文もお見かけしますが……）。出題される行政課題は長年自治体が抱えている大きな課題ですから、一朝一夕に解決できるものではないのです。

Method 10　表現は簡潔明瞭にしよう

採点官の実感として

意味不明な文章、主語と述語がつながらないなど、日本語として問題のある論文が非常に多い

簡潔明瞭な表現を実践するポイント

①一文は短文にする
- 無理に文章をつなげると、一文が長文になり意味不明になる

②修飾語は必要最小限にする
- 修飾語が多すぎて、文章の意味がわかりにくくなってしまう

「箇条書き」思考が有効

小難しい文章はいらない、一文は短文にしよう

　採点官に論文の内容を的確に伝えるためには、簡潔明瞭な表現であることが大事です。毎年、多くの論文を採点していた立場からすると、**意味不明な文章、主語と述語がつながらないなど、論文以前に日本語として問題のあるものが非常に多い**のです。そこで、次の点に注意してください。

　1つ目は、**一文は短文にすること**です。論文そのものが非常に長い文章になりますが、その中の一文自体が大変に長いものがあります。たとえば、1行20字の原稿用紙で3行以上にわたる文章です。これはとても読みにくいのです。

　一文が長文になってしまうのは、無理につなげるからです。「○○は△△との指摘もあるが、一方で□□との評価もあり、結局のところ、◇◇と考えられる」のようなものです。これでは、研究者の論文の表現になっています。

　採点官は、「受験生が公務員として何をしてくれるのか」を知りたいのですから、このような小難しい文章は求めていないのです。また、「論文は難しく表現しなければならない」と誤った認識を持つ受験生がおり、わざと一文を長くする人もいます。しかし、意味不明なので、高評価にはなりません。

修飾語は必要最小限に抑え、簡潔明瞭な表現でいこう

　2つ目は、**修飾語は必要最小限にすること**です。

> バブル崩壊直後の1990年代から続く「失われた30年」といわれる未曾有の経済危機と、それに伴う消費者の購買意欲の減退や新型コロナウイルス感染症の影響による飲食店の営業休止などは市財政に大きな影響を与え……（略）

のような文章です。市財政への影響について、さまざまな視点から述べようとして修飾語を並べすぎです（例文は悪文として掲載していますので、書いている筆者自身にも意味不明です）。

　これでは採点官には理解できません。簡潔に、「『失われた30年』は、市財政に大きな影響を与えた」などで十分です。ダラダラと長い文章は、一見すると「難しいことを書いている」ように見えますが、結局、採点官は何を書いているのか理解できません。小難しいことを書こうと変な修飾語を付けず、使うときも必要最小限にしてください。

　表現を簡潔明瞭にするためには、「箇条書き」思考が有効です。箇条書きではダラダラ長く書けませんので、不必要な文言はそぎ落とされるのです。したがって、箇条書きで考えて、実際の文章にする際は、必要最小限の修飾語を付け加えれば、一文は短文になります。

テーマには必ず答えよう

テーマに答えていない論文とは

- もともとテーマを無視している論文
- テーマに答えているつもりが、ずれてしまう論文

試験当日のテーマに直接答えられないときの対処法

① 「箇条書き」思考で考える
- 例：「少子高齢化」→「高齢者が増える」→「認知症や寝たきりが増える」→「認知症予防や介護予防の取組みを行う」

② 自分が答えられる内容に当日のテーマを結び付ける
- 当日のテーマから、自分が答えられる内容に結び付ける

テーマに答えていない論文は合格論文になりません

テーマに答えていない論文が結構あります。これには、大きく２つのパターンがあり、一つは当日出題されたテーマを故意に無視して、自分が準備してきた論文を書くものです。もちろん合格論文にはなりません。

もう一つは、受験生はテーマに答えているつもりでも、実際にはテーマから外れてしまっている論文です。たとえば、「少子高齢化社会のまちづくり」がテーマの場合、

> 少子高齢化に伴い、生産年齢人口が減少する。このため、これまでの生産力を維持するためには、①外国人の受け入れ、②女性活躍の場の確保、③ AI の活用が重要である。

と展開するような論文です。

これは、「少子高齢化社会のまちづくり」ではなく「生産力維持のための取組み」です。つまり、論文を書き進めるにつれて、テーマである「少子高齢化社会のまちづくり」が忘れられてしまい、いつの間にか「生産力維持のための取組み」にテーマがすり替わってしまったのです。

試験当日のテーマに直接答えられないときの対処法

受験生からすると、「試験当日のテーマについてはよくわからない。でも何とかしなくては……」と思うことがきっとあるはずです。この場合の対処法について、まとめてみたいと思います（詳しくは Chapter 4 で解説します）。

第1に、これまで述べてきた「箇条書き」思考で対応することです。

> 少子高齢化→高齢者が増える→認知症や寝たきりが増える→認知症予防や介護予防の取組を行う

などのように、テーマを分解して、自分の意見を見つけていくのです。

第2に、自分が答えられる内容に当日のテーマを結び付けることです。たとえば、「地域の協働」については十分知っているものの、「少子高齢化」については詳しく知らないとします。このような場合、

> - 少子高齢化の進行→核家族化により、少ない子どもたちがさらに孤立する→地域の協働が重要
> - 少子高齢化の進行→高齢者が多い→多くの高齢者が生き生きと暮らせる地域社会が必要→地域の協働が重要

という主張で、論文を書き進めることができます。

Method 12 原稿用紙の正しい使い方

原稿用紙の使い方の基本

①横書きと縦書きを間違えない

②句読点、括弧、記号は原稿用紙の１マスを用いる

| 「 | 休 | 日 | は | 、 | ポ | チ | と | 散 | 歩 | に | 行 | こ | う | ！ | 」 | と | 決 | め | た | 。 |

③句読点や閉じ括弧は行頭に用いない

×

| ト | レ | ー | ナ | ー | が | 「 | 待 | て |
| 」 | と | ポ | チ | に | 言 | っ | た | 。 |

○

| ト | レ | ー | ナ | ー | が | 「 | 待 | て | 」 |
| と | ポ | チ | に | 言 | っ | た | 。 |

④段落の冒頭は１マス空ける

| | 休 | 日 | は | ポ | チ | と | 散 | 歩 | に | 行 | こ | う | 。 |

⑤数字は２つで１マス（横書きの場合）

| 東 | 京 | か | ら | 大 | 阪 | ま | で | 約 | 50 | 0 | km | あ | る | が | 、 | 北 | 海 | 道 | ま | で |
| は | そ | の | 2 | 倍 | の | 約 | 10 | 00 | km | あ | る | 。 |

⑥訂正の方法にも注意する

健	康	の	た	め	に	20 0	cc	の	コ	ッ	プ	で	1	日	8	杯	、	20	00
					250
cc	飲	む	べ	き	だ	が	、	結局	5	杯	し	か	飲	め	て	い	な	い	。

※マス目のない罫線だけのときも、マス目があると思って書く（文字数をカウントする必要があるので、ほとんどの場合はマス目がある）。

文字数のカウント方法

文字数は、実際に書いた文字数ではなく、使った行数で計算される

● 例：1行40字の原稿用紙で、30行を使えば1,200字となる

句読点の使い方などに注意しよう

　論文試験で、正しく原稿用紙を使うことは基本です。間違えれば減点の可能性がありますので、注意が必要です。

①横書きと縦書きを間違えない

　横書き・縦書きは指定されているので、指定された方法で記入します。

②句読点、括弧などは1字として数え、原稿用紙の1マスを用いる

　句点（。）、読点（、）、括弧（「　」）、記号などは1字として数え、原稿用紙の1マスを用います。括弧（「　」）については、他の文字と一緒に記入している答案を見かけますが、原則は1マスを用います。

③句読点や閉じ括弧は行頭に用いない

　句読点、閉じ括弧（」）は行頭に用いず、前の行の最後のマスに他の字と一緒に記入するか、マス外に書きます。

④段落の冒頭は1マス空ける

　改行して新たな段落を書き出す場合には、行の最初の1マスは空欄にします。ちなみに、まったく改行しない論文は読みにくいので、避けましょう。

数字の書き方、訂正の方法にも注意

⑤数字とアルファベットは書字方向によって書き方が異なる

横書き原稿用紙	
数字	算用数字を使う（2024年）。1マスに2文字
アルファベット	大文字は1マスに1文字、小文字は1マスに2文字

縦書き原稿用紙	
数字	漢数字を使う（二〇二四年）。1マスに1文字
アルファベット	基本は使わない。使用する場合は、大文字は1マスに1文字。小文字は1マスに2文字とし、横に寝かせて書く

⑥訂正の方法にも注意する

　文章の修正が必要な場合があります。マス目が不足しているときには、「∧」や「∨」を使って修正します。採点官にわかるようにはっきりと記述します。なお、修正は最小限にすべきで、欄外に大幅な修正をすることは避けます。

⑦空白の行や列を作らない

　たとえば、序章と本論の間に勝手に空白の行を作っている論文がありますが、これは単に文字数稼ぎのようにみられます。また、横書き原稿用紙の左側1列目をすべて空白にしている論文なども不可です（実際にあった話です！）。

Method 13 時間配分に注意しよう

時間配分はあらかじめ明確にしておく

①論文の構成（レジュメ）を考える（○分）
②論文を書く（○分）
③論文を見直す（○分）

- 論文の構成だけに時間をかけていると、論文を書く時間がなくなってしまう
- 構成が十分でなくても、時間が来たら書き始める
- 最後に必ず見直す（誤字脱字を修正し、減点を防ぐ）

書き上げた論文は必ず見直そう

- 誤字脱字がある
- 読めない字がある
- 論理的に飛躍している 等

書いているときには気がつかなった減点対象が
必ず見つかるはず！

構成を考え、実際に書き、そして見直す

　試験時間は限られていますから、①論文の構成（レジュメ）を考える（○分）、②論文を書く（○分）、③論文を見直す（○分）と、時間配分を明確にしておいたほうが無難です。また、論文を実際に手書きした場合、どの程度時間を要するのかについても、事前に把握しておきましょう。

　試験当日は初めて問題を見るわけですから、いきなり原稿用紙に論文を書き始めることはできません。これまで説明してきた「箇条書き」思考で、大まかな論文の構成（レジュメ）を考えたうえで、実際に論文を書き始めることとなります。その際、構成を考えることばかりに時間をとられてしまい、実際に書く時間が足りなくなって途中で終わってしまったのでは困ります。

配分した時間が過ぎたら、まとまっていなくても書き出そう

　あらかじめ配分した構成の時間が過ぎたら、仮に十分に構成ができていなくても、論文を書き始めることも必要です。論文がどんなに立派な内容であっても、原稿用紙に表現されていなければ採点できません。このため構成に見切りをつけ、書き出すのです。

　書きながら新たなことを思いついたり、方向性を変更したりすることもあります。ただ、それは書きながら考えていくしかありません。いずれにしても、論文の構成を考えることだけにとらわれて、時間を浪費してしまうのは避けましょう（それでは、元も子もありません……）。

　これまで説明してきたように、序章や終章については、あらかじめパターン化しておけば、考える手間も省けて時間の節約につながります。この点からも、序章や終章のパターン化はとても大事なのです。

　なお、書き上げた論文は必ず見直すようにしてください。「誤字脱字がある」「字が読めない」「論理的に飛躍がある」など、書いているときには気がつかなった減点対象が必ず見つかるからです。

　特に、注意してほしいのは、多用する用語の間違いです。ある論文で、「人口減少」が「人口減小」と誤字のまま繰り返されたものがありました。このように、キーワードに誤字が含まれていると、結果、答案には誤字が何度も登場するため、大きな減点につながってしまうのです。1回でも見直しておけば、こうしたミスは避けられます。答案は必ず見直してください（1回の見直しで減点が減らせるならば、コスパもよいですよね～）。

字は**丁寧**に**書こう**

採点官が読めなくては、論文を採点できない

- 必ず字は丁寧に書く（上手な字である必要はない）
- 読めない字、殴り書きはダメ！

論文練習時の注意点

①必ず手書きで練習する

- ペンで文字を書く機会が少なくなり、長時間書けない人が多い
- 実際にどのくらいの時間で論文を書き上げられるかを検証しておく

②クセ字や文字の濃さに注意する

- クセ字は自分では気がつかないので、論文を書いたら他人に読んでもらう
- 書き上げた論文はコピーされて、複数の採点官が採点するので、文字が薄いと読めない

読めない字では採点できない。字は丁寧に書こう

　字は丁寧に書いてください。「上手な字」ではなく、「丁寧な字」です。**文字の上手・下手は関係ありませんが、採点官が読めない文字では困ります**。

　試験当日、受験生は非常に緊張し、焦っていることは十分わかります。しかし、採点官が「読めない」「解読できない」文字では、採点できません。受験生は、採点官が読める文字となるよう、気を配ってください。殴り書きや、乱暴な文字では、そもそも採点官は、受験生の姿勢に疑問を持ってしまいます。「文字が汚いだけで、採点が厳しくなる」との噂（？）もあります。

手書きで練習する、クセ字・薄い字は要注意

　次の2点に注意してください。

　第1に、**必ず手書きで練習してください**。論文の勉強を始めた頃は、多くの人はパソコンで文書を作成すると思いますが、試験直前には必ず手書きで練習してください。

　近頃、ペンを持って長時間、文字を書く機会がぐっと減りました。パソコンだけで論文の練習をして、試験当日にいきなりペンを持って原稿用紙に文字を書こうと思ってもうまくいかないでしょう。「長い時間、ペンで文字を書き続ける」力がないのです。また、ペンで論文を書き上げるのに実際にどれだけ時間がかかるのかも、把握しておいてください。

　第2に、**クセ字や文字の濃さに注意してください**。日本語の「へ」が「1」に見えたり、「て」が「7」に見えたりする答案が実際にあります。意外に、本人はクセ字に気がつかないものです。念のため論文を書き上げたら他人に一読してもらったほうがよいでしょう。

　文字が薄い答案も非常に困ります。通常、論文は複数の人間が採点するので、原稿用紙をコピーします。このため、もとの文字が薄いとコピーした文字がかすれて読めないのです。

「採点官に読んでいただく」つもりで論文を書きましょう。受験生にとっては、自分の論文を書き上げることで頭がいっぱいだと思います。しかし、数十、場合によっては百本を超える数を採点する採点官の立場からすると、「読めない字」「読みにくい字」は本当に困るのです。皆さんのご協力を心からお願い申し上げて、説明は終了とさせていただきます。

教えて！ 春日先生

誤字脱字が多い論文

●

（受験生）論文の誤字脱字って、正直どのくらいチェックしているんですか。オトナな採点官は、「本当はこう書きたかったんだろうな」って優しく脳内補完してくださっていると、ワタシは思ってました。

（春日文生）そんなことはないよ！　誤字脱字は、どの採点官でも同じ基準で判定可能だから、その基準に基づいて採点しているね。

えっ（絶句）。その基準って、具体的にどんなものですか？

厳密には、試験の実施機関によって異なるけど、大体は複数の個所で誤字があると減点対象だね。逆に言えば、1回のミスなら見逃してもらえることが多いと思う。

ということは、誤字脱字も多ければそれだけ減点が大きくなるということ？

そのとおり。だから、せっかくまあまあなレベルの論文が書けているのに、誤字脱字があちらこちらにあれば、減点の結果、点数がなくなってしまうこともあるだろうね。

もしかして誤字を連発していたら、極端な話、0点になってしまうこともあるんですか⁉

当然あり得る。たとえば、誤字脱字5回以上でマイナス30点なんてこともあるから、論文の内容がよくても、一気に点数が減ってしまうことも。

なら、同じ漢字を間違って何回も書いてしまったら……。

たとえば、テーマの「住民との協働」を「住民との協同」と誤って書いていたら、これは悲劇だよ。しかも決して珍しくないケースなんだ。

いやーん。

受かる答案を見せましょう！厳選の合格論文20

Chapter **3**

評価が高い論文を書くコツの一つは、質の高い優れた合格論文をたくさん読むことです。出題テーマをどのように解釈し、問題点や課題を整理して、論ずべき具体的な視点・ポイントを見いだし、解決策となる自分の意見をつくっているのか。それに対して、採点官はどう評価し、どのような意見や感想を抱くのか。「このテーマに関して自分ならこう書く」という視点を保ちながら、怒涛の合格論文例へGO！

論文作成のためのセルフ"つっこみ"

　数をこなすこと優先で合格論文をひたすら掲載するのも一法ですが、ここでは合格論文がどんな論理展開をし、論文として成立するに至ったか、そのプロセスも紹介しましょう。

　以下に説明する論文作成方法は筆者が「セルフ"つっこみ"」と呼んでいるものです。

SO WHAT? （問題文の変換）

最初に行うのは問題文の変換です。より解答しやすくするために、あるいはイメージを膨らませるために「**問題文をもっと具体的にいうと？**」とつっこむのです

WHY? （するとどうなる／問題文を否定する）

出題テーマは「**なぜ重要なの？**」とつっこんで、課題を分析する工程です。課題（の状態）が進展するとどうなるか、また、あるべき姿を問う「理想型」の出題テーマの場合には問題文を否定するテクニックを用います

WHY? （論点を抽出する）

2度目のWhy? では、上記で行った分析の結果を受けて、「**具体的な視点・ポイントは？**」とつっこんで、課題を解決するための論点を抽出します

SO WHAT? （意見をつくる）

再びSo What? とつっこんで、「**ではどうする？**」の観点から自分の意見をつくります

5つの評価項目の詳細と評価の内容

　各論文の末尾には５つの評価項目に基づいた評価および総合評価と、採点官からのコメントを掲載しています。評価項目とその内容は次のとおりです。

評価項目	説明
問題意識	● 論題となった社会事象や行政課題に対する公務員としての問題意識 ● 自治体等の現状とのギャップを分析する力
論理力	● 課題解決の方向性 ● 解決策における論理の組み立てと展開する力 ● 各部相互の関連性や論理矛盾を精査する力
表現力	● 解決策における具体性（5W1H）と実現可能性 ● 借り物でない自らの言葉・表現 ● 「時事問題」としての新鮮さ
意欲	● 自ら立案した解決策を実現する方策・説得力 ● 危機管理能力・即応力 ● 独自性・オリジナリティ
文章力	● 簡潔・明瞭 ● 規定文字数 ● 誤字・脱字 ● 原稿用紙の使い方

　評価はＡ～Ｅの５段階によって行っています。

評価	内容
A	優れている
B	比較的優れている
C	普通
D	大改造が必要
E	基礎からの勉強を要する

File 1

住民の求める公務員像とは

（1,200字）

論文作成のための "つっこみ"

1

SO WHAT?
（問題文の変換）

住民はどのような公務員を望んでいると思いますか。あなたの考えを述べなさい

2

WHY?
（問題文を否定する）

住民が望まない公務員とは？
- 住民の声を聞かない公務員
- 上から目線の公務員
- 前例踏襲のお役所仕事ばかりしている公務員

3

WHY?
（論点を抽出する）

①住民の声を無視する
②上から目線の公務員
③やる気がない

4

SO WHAT?
（意見をつくる）

①広く住民の意見を聞く
②住民の目線になって考える
③常に自己啓発に取り組む

「住民が望まない公務員」をいくつか具体的に想像してみましょう。「住民の求める公務員」はその反対ですから、そうするとイメージしやすくなります。また、そうした公務員はどのような行動をするのかを明確にすると、説得力のある論文になります。

（ 答 案 例 ）

1 住民の期待に応える公務員

　現在、本市を取り巻く課題は山積している。少子高齢化の進行による人口減少はもちろんのこと、防災対策、環境問題、福祉、教育など、多くの課題を抱えている。加えて、市民ニーズは②多様化・高度化している。しかしながら、財政状況は厳しい。人口減少や担い手不足に伴う廃業などにより③税収減となり、今後も大幅な改善を望むことは難しい。

　このように厳しい財政状況の中で、山積する課題に対応するためには、④住民と協働して、まちづくりを行っていくことが求められる。そのためには、公務員は住民の期待に応えなくてはならない。

2 住民の求める公務員像

　住民の求める公務員像としては、次の3点がある。

　第1に、広く住民の意見を聞くことである。まちづくりの主体は住民である。その住民の声を聞かなければ、適切な行政運営を行うことはできない。そのため、公務員は日常業務を通じて、常に住民の意見に耳を傾ける姿勢が求められる。また、積極的にまちに出ていき、直接住民から話を聞いたり、意見を交わしたりすることも大事である。これにより、広く住民のニーズを把握することができる。

　第2に、住民の目線になって考えることである。行政サー

Keyword & Point

❶3部構成
指定文字数が目安の1,500字未満なので3部構成とします。各部の冒頭には必ずタイトルを付けましょう。

❷多様化・高度化
論文では、多様化、高度化、複雑化、国際化などの「○○化」がよく用いられます。この「○○化」は便利な言葉である半面、内容が不明確なこともあり、一つの論文の中で多用することは控えたほうがよいでしょう。

❸税収減
人口が減少すれば、税収が減少することは当然のことです。それは、個人が払う住民税だけに限らず、会社などの法人が払う法人住民税についてもいえることです。これは論文にあるように、人口減少だけでなく、担い手不足による廃業ということも影響します。

❹住民
ここでは一般に個人と
しての住民（自然人）
を意味しています。し
かし、地方自治法にお
ける住民とは、自然人
だけでなく法人も含み
ます。また、日本国民
だけでなく、外国人も
含みます。

❺フォーラム
1人の講師が講義を行
い、司会者の進行に
よって参加者が質疑討
論を行う方式をいいま
す。講義の後、少人数
のグループに分かれて
討論したうえで質疑討
論する方法も用いられ
ます。講義の後に質疑
と討論があり、講義の
内容を参加者全員が掘
り下げ、理解を深める
ことができます。

ビスの受け手は住民である。その住民の目線にならなけれ
ば、住民サービスが真に役立つのか否かはわからない。こ
のため、公務員は高齢者や障害者、市内各地域の住民の目
線になるなど、多角的に考えることが求められる。また、
窓口や電話対応の際にも住民目線で考える。これにより、
的確に住民ニーズに対応したサービスを提供することがで
きる。

　第3に、常に自己啓発に取り組むことである。お役所仕
事といわれるように、公務員の中には前例踏襲で業務を
行っている者もいる。しかし、それでは変化の激しい社会
に対応することはできない。このため、公務員は資格取得、
読書など、自ら学び続ける姿勢が求められる。また、各種
の研修や❺フォーラムなどに参加することも有効である。こ
れにより、社会の状況に的確に対応することができる。

3　公務員として全力を尽くす

　現在、各地で災害が発生し、避難所運営に当たる公務員
の姿がテレビなどで放映される。こうした際、公務員と住
民との間で争いやトラブルが発生することはほとんどない。
これは、住民の公務員に対する信頼の証ともいえる。

　的確な行政運営を行うためには、住民から信頼される公
務員でなければならない。私は住民に求められ、信頼され
る市職員として、全力を尽くす所存である。

問題意識	論理力	表現力	意欲	文章力	総合評価
A	A	B	A	A	A

採点官から

よく書けています。単なる評論になっておらず、公務員として何をするのかが具体的に書かれており、採点官にもイメージできる内容となっています。また、具体的な内容を実施した結果、どのような効果が期待できるのかも書かれており、わかりやすくなっています。「作文」として同じテーマが出題されたとしても、この内容でまったく問題ありません。

公務員として、これまでの知識・経験をどのように活かすことができるか （1,200字）

合格論文への道

論文作成のための "つっこみ"

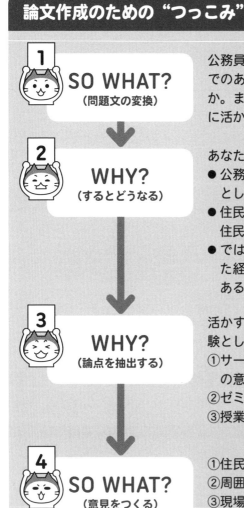

1 SO WHAT?（問題文の変換）

公務員として活用できる、これまでのあなたの知識・経験は何ですか。また、それは実際にどのように活かすことができますか

2 WHY?（するとどうなる）

あなたが公務員になったら？
● 公務員となって想定される場面として、住民対応がある
● 住民対応にとって重要なことは、住民の立場になって考えること
● では、相手の立場になって考えた経験には、どのようなものがあるか

3 WHY?（論点を抽出する）

活かすことができそうな知識・経験として
①サークルでメンバー一人ひとりの意見を聞いたこと
②ゼミでの連携
③授業でのフィールドワーク

4 SO WHAT?（意見をつくる）

①住民の立場になって考えること
②周囲との連携
③現場主義を徹底すること

この問題を考えるには、2つの方法が考えられます。一つは、自分自身の知識・経験を棚卸し、そこから公務員として何が活かせそうかを探る方法です。もう一つは、公務員に求められるもの（たとえば、相手の立場になって考えること）を考えて、それに当てはまる知識・経験がないか探すことです。いずれにしても、実際に公務員がどのように働くのかを想像することが求められます。

（答案例）

1　公務員に対する厳しい視線

　昨今、住民の公務員に対する視線は非常に厳しい。セクハラ、公金横領、飲酒運転など、連日、公務員の不祥事が報道されている。また、かつては文書改ざんなどの❶公文書管理の問題が注目されたこともある。

　しかし、こうした厳しい批判は、世間の公務員に対する期待への証ともいえる。住民に信頼されなければ、❷住民福祉の向上は実現できない。公務員は、常に緊張感を持って職務に当たることが求められる。

2　これまでの知識・経験を活かす

　私は、このような重要な職務を担う公務員として、これまでの知識・経験を活かし、次のように取り組む。

　第1に、住民の立場になって考えることである。所属していたサークルでは副代表として、代表と他のメンバーとの調整をすることが多かった。20人いたメンバーの中にはさまざまな考えの者がおり、サークルとしての意見がまとまらないこともあった。このため、メンバー一人ひとりの意見をよく聞くことを意識したところ、各メンバーの立場になって考えることの重要性を痛感した。この経験を活かし、公務員となった際には、住民の立場になって考えるこ

❶公文書管理

2018年、いわゆる森友学園問題の表面化に伴い、国による行政文書の改ざん、廃棄、隠ぺいなどが発覚し、大きな社会問題となりました。公文書管理法34条では、自治体の文書管理について「地方公共団体は、この法律の趣旨にのっとり、その保有する文書の適正な管理に関して必要な施策を策定し、及びこれを実施するよう努めなければならない」と規定しています。

❷住民福祉の向上

地方自治法1条の2には、「地方公共団体は、住民の福祉の増進を図ることを基本として、地域における行政を自主的かつ総合的に実施する役割を広く担うものとする」と規定され

ています。

❸現場主義
組織が問題を解決する際に、現場での実践や経験を重視することをいいます。実際に業務の行われている場所に行って問題点をとらえ、それを改善し、能率と業務の質の向上を図ります。

❹フィールドワーク
実地調査、現場または現地での探訪・採集を指します。現場（フィールド）に行って調査などの作業（ワーク）をすることです。

❺公務員として全力で職務に当たる所存
最後の一文をこのように締めくくると、テーマである「これまでの経験を公務員としてどのように活かせるのか述べよ」に対して、的確に答えていることを採点官にアピールできます。

とを徹底する。

　第2に、周囲との連携である。所属していたゼミでは、他大学との合同発表会があり、ゼミで発表内容を取りまとめる必要があった。発表するためには資料や原稿の作成、他大学との調整などの業務があり、ゼミのメンバー間での円滑なコミュニケーションが求められた。このため、チャットツールなどを活用し、スムーズな意思の疎通を図った。この経験を活かし、公務員としての周囲との連携を意識する。

　第3に、❸現場主義を徹底することである。基礎自治体は、住民に最も身近な行政であり、住民の声を直接聞くことがとても重要となる。このため、市役所の窓口で住民の意見を聞くことはもちろんのこと、実際に地域に出向いていくことも求められる。大学の授業では❹フィールドワークを行った。この知識・経験を活用し、何か問題が発生した際には、積極的に現場に行って考えることを意識する。

3　住民に信頼される公務員として

　現在、本市の抱える課題は山積している。全国的な少子高齢化に伴う人口減少はもちろんのこと、防災対策、環境問題、地域活性化など、いずれも待ったなしの状況である。さまざまな行政課題があるが、いずれも目的は住民福祉の向上であり、それを職責とする公務員の役割は非常に大きい。私は、これまでの知識・経験を活かし、❺公務員として全力に職務に当たる所存である。

問題意識	論理力	表現力	意欲	文章力	総合評価
A	**A**	**B**	**B**	**A**	**A**

採点官から

ここまで書ければ合格点です。「これまでの知識・経験を公務員としてどのように活かせるか」は頻出のテーマです。しかし、この論文でもわかるように、何か特別な経験でなくても構わないのです（そもそも特別な経験を持っている人は少数です）。「活かせる知識・経験がまったくない」という人はいませんから、公務員として働くことを想定して、具体的に何が活用できるかを確認してみましょう。なお、こうした内容は面接でも質問されますので、注意が必要です。

効率的な行財政運営
（1,800字）

論文作成のための "つっこみ"

1

SO WHAT?
（問題文の変換）

効率的な行財政運営を実現するためには、何が必要でしょうか。あなたの考えを述べなさい

2

WHY?
（問題文を否定する）

非効率的な行財政運営とは？
- 収入（歳入）確保のための取組みが不足している
- 無駄遣いをする
- 市民との協力体制が構築されていない

3

WHY?
（論点を抽出する）

①歳入確保の取組みが不十分
②歳出削減の検討が不十分
③市民の市政に対する認識が低い

4

SO WHAT?
（意見をつくる）

①市有財産の活用
②外部評価制度と
　公会計制度の活用
③住民や企業等との
　協働体制の構築

「効率的な行財政運営」というと難しく聞こえるかもしれませんが、自治体も組織ですので、「ヒト・モノ（サービス）・カネ・情報」などの経営資源で考えるとわかりやすいでしょう。また、非効率的な行財政運営を考えることで、具体的に何が問題なのかが見えてくるはずです。

（答案例）

❶1　求められる効率的な行財政運営

　現在、本市の課題は山積している。安全安心のまちづくり、健康寿命の延伸、ユニバーサルデザイン、観光、環境など、解決すべき課題は多い。

　一方で、財政状況は厳しい。生産年齢人口の減少に伴い増収が見込めない中、高齢化に伴う社会保障費の増加、上下水道などのインフラ設備の老朽化など、今後の財政状況は予断を許さない。このように、財政状況が厳しい中で、山積する課題を解決するためには、効率的な行財政運営は必須であり、まさに本市の喫緊の課題である。

2　行財政運営の課題

　これまでも市は、行財政改革プランの実行など、効率的な行財政運営に努めてきた。しかし、依然として次のような課題がある。

　第1に、❷歳入確保の取組みが十分とはいえない。これまでも市は税の滞納防止のためコールセンターの設置、徴収員の確保などを行い、一定の成果を挙げてきた。しかしながら、税収増以外の歳入確保策については、あまり行われてこなかった。多くの自治体では、受益者負担の見直しなど、さまざまな歳入確保策を講じており、本市でも検討が必要である。

Keyword & Point

❶ 4部構成
指定文字数が目安の1,500字を超えるので4部構成とします。各部の冒頭には必ずタイトルを付けます。

❷歳入確保の取組み
歳入確保の取組みとしては、一般に税の徴収率の向上（差押え、コールセンター等）、自治体財産の活用（広告事業、ネーミングライツ、未利用地の貸付等）などがあります。

歳出削減の取組みとしては、一般にアウトソーシング（民間委託等）の推進、定員の適正化、各事務事業の検証などがあります。

❹外部評価制度
学識経験者や公認会計士などの専門家、公募市民など、自治体職員以外の者によって自治体の事業や政策などを評価する制度のことで、多くの自治体で導入されています。

　第2に、❸歳出削減のさらなる検討である。今後、税収増が見込めない中、現在と同じ住民サービス提供を行うことは困難である。すでに、ある自治体では行政サービスを抜本的に見直し、事業の大幅な縮小や、住民負担を増加させている。将来世代に負の遺産を引き継がないためにも、大胆な歳出削減の検討が必要である。

　第3に、市民の市政に対する認識が低いことである。効率的な行財政運営を実施するためには、自治体の取組みだけでは不十分であり、まちの主人公である住民を取り込む必要がある。しかしながら、市民アンケートでは、市政に関心を持つ割合は70％程度にすぎない。今後、さらに厳しい行財政運営が予想される中、市民の市政に対する意識を高めていく必要がある。

3　よりよい行財政運営をめざして

　以上の課題を解決するために、今後、次のような取組みを行う。

　第1に、市有財産の活用である。自治体によっては、ネーミングライツ、施設の壁面広告、印刷物への広告掲載など、さまざまな市有財産を活用して広告収入を得ている。現在は、スポーツ施設に企業名が付されていることも一般的になり、違和感を覚えることも少ない。このため、市として広告事業を検討するとともに、使われていない市有地の賃貸など、市有財産を活用した歳入確保策に取り組んでいく。

　第2に、❹外部評価制度と公会計制度の活用である。現在も本市は、行政評価制度を活用して、PDCAサイクルを構築している。しかし、この行政評価制度は内部の職員のみで実施されており、まだ改善の余地がある。このため、今後は新たに公認会計士などの専門家による外部評価委員会を設置し、行政評価を行う。これにより、公会計による見直しを行うことができ、歳出削減につなげることができる。

　第3に、住民や企業等との協働体制を構築する。これまで、審議会や委員会の委員は、特定団体の充て職や、数少ない公募市民であった。今後は、さまざまな事業について

⑤ワークショップの開催を行い、政策決定段階から多くの市民の意見を取り込む仕組みを構築する。また、事業提案制度を設けて、住民や企業等から事業を提案してもらい、事業そのものを住民や企業等が実施できる制度を構築する。これにより、広く協働体制が構築できるとともに、意識改革を図ることもできる。

4　本市のさらなる発展に向けて

　現在、公務員を取り巻く状況は、非常に厳しい。セクハラ、パワハラ、公金横領などの不祥事が連日報道されており、住民から厳しい目を向けられている。しかし、住民が「住んでよかった」「これからも住み続けたい」と思うようなまちづくりの実現のためには、自治体の果たす役割は非常に大きい。私は市職員として、効率的な行財政運営のために全力を尽くす所存である。

⑤ワークショップ
参加者が中心となって議論を行い、その成果をまちづくりに活かそうとするものです。参加者が講師などの話を一方的に聞くのではなく、参加者自身の討論や体験などを語り合う双方向形式で、グループ学習ともいわれます。

問題意識	論理力	表現力	意欲	文章力	総合評価
A	A	A	A	A	A

採点官から

とてもよく書けています。行財政運営とは自治体経営です。ここでは、歳入・歳出・協働を取り上げていますが、これ以外にも職員の能力開発、DXの推進、民間委託の推進など、いろいろな視点で書くことが可能です。今後、人口減少が進む中で、効率的な行財政運営は、どの自治体にとっても避けては通れない課題です。各自治体が作成している総合計画などでも言及されていることが多いので、一度確認しておいたほうがよいでしょう。

論文作成のための "つっこみ"

1 SO WHAT?
（問題文の変換）

住民との協働を実現するために、行政としてどのようなことを実施すべきか。あなたの考えを述べなさい

2 WHY?
（問題文を否定する）

住民と協働しない行政とは？
● 住民が意見を述べる機会や制度がない
● 住民の意見を聞かない
● 職員が住民の意思を把握しようとしない

3 WHY?
（論点を抽出する）

①住民から働きかけることができる仕組み
②行政と住民とのコミュニケーション
③職員の住民に対する意識

4 SO WHAT?
（意見をつくる）

①住民側から事業を提案できる制度を構築する
②行政と住民が双方向で意見交換できる場の設定
③職員が住民目線を持つように意識改革を行う

「住民と協働していない状態」を想像し、その際に発生する問題点をいくつか挙げてみてください。そのうえで、具体的な視点・ポイントをまとめ、実際にどのようなことをするのかをまとめます。

（答案例）

1　ますます重要な協働

　現在、行政サービスの範囲は非常に広がっている。その背景には、住民ニーズの多様化・高度化、地方分権の進展による権限の増加などがある。以前と比較すると、ますます自治体の役割が大きくなっている。しかし、これらすべてのニーズに自治体だけで対応することは困難である。効率的な行政運営を実現するためには、住民ニーズを的確に把握し、住民と協働して効果的な政策を実施していくことが重要となってきている。❶今、まさに行政と住民との協働は、本市の喫緊の課題である。

2　さらなる住民との協働のために

　❷これまでも本市では住民との協働に取り組んできたが、さらに次の点を実施することが求められる。

　第1に、住民から協働できる仕組みを構築することである。これまでも市はさまざまな行政計画やプラン作成の際には、住民や関係団体の代表者などを策定会議のメンバーとしてきた。しかし、これはあくまで行政主体の会議となっており、住民主体とはなっていない。住民から事業を提案ができ、行政とともに事業を実施できるような制度の構築が必要である。

　第2に、住民と行政が双方向で意思疎通できる機会を拡充することである。住民との協働を進めるためには、行政

Keyword &
Point

❶重要性の強調
序章の最後の文章は、与えられたテーマ（ここでは「住民との協働」）が重要であることを強調して、本論以下につなげます。

❷残存する課題の指摘
まず、これまでの行政の取組みを評価したうえで、なお課題があることを表現します。行政への評価を行わずに、「住民との協働への取組みが不十分であり、次のことを行う必要がある」などのような書き方にしてしまうと、行政批判のように読めてしまうので注意が必要です。

と住民が十分なコミュニケーションを図り、お互いを理解することが求められる。従前のホームページ掲載やリーフレット作成などでは、行政の一方通行の情報提供となってしまう。住民説明会や❸タウンミーティングの開催など、双方向に意思疎通ができる機会を拡充することが必要である。

第3に、さらなる職員の意識改革である。❹市民アンケートによると、市民の約30%が「職員の接遇に疑問を感じたことがある」との結果がある。また、依然として前例踏襲で業務を行っている職員も存在する。住民が職員を信頼しなければ、住民と協働することができない。研修などの機会を通じて、さらに職員意識を改革することが重要である。

3　住民の信頼に応えるために

今後、さらに人口減少が加速し、労働力の低下や社会保障の見直しなど、既存の社会システムのあり方が見直されることになる。本市が今後も住民から信頼されるためには、住民ニーズに的確に対応した行政サービスを実現する必要がある。私は住民との協働を心掛け、市職員として全力で取り組む所存である。

問題意識	論理力	表現力	意欲	文章力	総合評価
B	**A**	**B**	**B**	**A**	**B**

採点官から

コンパクトにまとめられた論文になっています。具体的な解決策という点では、少し物足りないところもありますが、ここまで書けていれば合格論文でしょう。なお、行政で協働という場合、「共通の目的を達成するために、NPO、ボランティア・住民団体などと行政がお互いの特性を認識・尊重し合い、対等な立場で、共通する領域の課題の解決に向けて協力・協調する関係」をいうことが一般的です（岡山県ホームページより）。住民どうし、職員どうしなど、同じ立場の者が一緒に何かの取組みを行う場合には、協働とはいわないので注意が必要です。

File **5**

非常事態における
自治体の対応

（1,600字）

合格論文への道

論文作成のための "つっこみ"

1
SO WHAT?
（問題文の変換）

災害時、感染症の流行、テロなどの非常事態において、自治体としてどのような対応が求められるか。あなたの考えを述べなさい

2
WHY?
（問題文を否定する）

自治体が適切な対策を行わないと？
● 住民がサービスを受けることができない
● 情報がないため住民の不安が増す
● 市役所自体が混乱するなどの状況に陥ってしまう

3
WHY?
（論点を抽出する）

①住民サービス
②情報の提供
③組織運営

4
SO WHAT?
（意見をつくる）

①社会状況に応じた確実な住民サービスの提供
②住民に対する迅速かつ適切な情報提供
③非常事態に対応した組織運営

非常事態における自治体の対策としては、いろいろなものが考えられます。ただし、あまり細かい個別の事業について言及するのでなく、サービス全般、情報提供、組織運営と大きな視点でとらえたほうが、論文としては書きやすくなります。

（答案例）

1　自治体の真価が問われる非常事態時の対応

　　自治体の責務は、住民の生命と財産を守ることにある。それは、いついかなるときでも実現されることが求められるが、大震災などの災害時には、自治体には通常とは異なる対応が求められる。また、2020年以降に流行した❶新型コロナウイルス感染症では、震災などとは異なる非常事態への対応が求められた。本市においても、公共施設の休止や住民サービスの一部停止などが行われ、住民の生活や行動に多大な影響を与えた。さらに、テロや大規模停電による業務の停止や中断などの非常事態も想定される。

　　このような非常事態においても、住民ニーズに的確に応え、確実に行政運営を行っていく必要がある。

2　非常事態における自治体の対応

　　非常事態における自治体の対応としては、次の3点が求められる。

　　第1に、社会状況に応じた確実な住民サービスの提供である。非常事態においては感染防止などの視点から、住民サービスを制限することがある。このため、日頃から❷BCPの見直しを行うとともに、確実に実行できるよう職員への周知を図る。また、来庁しなくてもサービスが受けられるように、電子申請や郵送受付など、通常とは異なる手法についても常日頃から検討していく。さらに、非常事態に伴

Keyword &
Point

❶新型コロナウイルス感染症

新型コロナウイル感染症は、2019年12月に集団発生が報告され、その後、全世界に広がりました。発熱、喉の痛み、咳、痰などの風邪のような症状で終わる場合が多いとされています。しかし高熱、胸部不快感、呼吸困難などが出現することもあり、死者も多く発生しました。

❷ BCP

Business Continuity Plan の頭文字で事業継続計画と訳されます。自然災害、大火災、テロ攻撃などの緊急事態に遭遇した場合において、損害を最小限にとどめつつ、中核となる事業の継続あるいは早期復旧を可能とするために、平常時に行うべき活動や緊急時における事業継続のための方法、手段などを取り決めておく計画のことです。

う地域経済の低迷に対して、商店街の活性化対策などを行うなど、状況に応じた施策を展開することが必要である。

第2に、住民に対する迅速かつ適切な情報提供である。震災時などの非常事態においては、多くの住民は不安を抱えてしまうが、情報不足によりさらに不安を招くことになる。このため、市は関係機関などから情報収集するとともに、住民に対して迅速・適切な情報を提供する。まず、施設休止や手続きの変更など、住民サービスに関するものは、ホームページ・SNSなど多様な手段を用いて、幅広く情報を提供する。また、住民の行動に制限が課される場合などは、❸防災行政無線を活用し、直接住民に訴えることも必要である。これにより、住民に安心感を与えることができる。

第3に、非常事態に対応した組織運営である。これまで述べたサービスや情報を確実に提供するためには、そのための組織運営体制が構築されていることが必要である。このため、まず在宅勤務・テレワークの可能性や、非常事態における勤務体制について検討する。また、刻一刻と変化する状況を確実に職員に周知できるよう、連絡・連携体制を整備する。さらに、会議の書面開催、Web会議の実施など、感染防止のためのあらゆる方策について検討し、実施する。

3　住民の信頼に応えるために

震災時や感染症流行などの非常事態においても、行政は変化する状況に的確に対応しつつ、確実に行政サービスを提供することが求められる。そのためには、限られた資源の中で、どのようなことが可能なのかを十分に検討しておく必要がある。

非常事態の中、行政が混乱してしまうと、さらに住民の不安を招くことになり、より事態が悪化してしまうおそれがある。このため、職員一人ひとりが❹危機管理能力を身につけることも極めて重要である。私は、本市の職員として、住民の信頼に応えるべく、全力で職務に務めていく所存である。

問題意識	論理力	表現力	意欲	文章力	総合評価
A	A	A	A	A	A

採点官から

よく書けています。新型コロナウイルス感染症流行以降、非常事態における自治体の対応について出題されることが多くなりました。さまざまな非常事態を想定して、解決策を書くことが求められます。

また、今回のテーマ以外でも、①在宅勤務・テレワークなどの働き方、②安全安心のまちづくり、③非常事態における住民サービスのあり方、④自治体における危機管理などの視点から出題される可能性もありますので、注意が必要です。

防災対策
（2,000字）

論文作成のための "つっこみ"

1 SO WHAT?
（問題文の変換）

地震、風水害などの防災対策として、本市が取り組むべきことは何か。あなたの考えを述べなさい

2 WHY?
（問題文を否定する）

防災対策が不十分な自治体とはどのような状態か？
- 住民に防災意識がない
- 地域での連携が図られていない
- 木造密集地域があり、火災に弱いまち

3 WHY?
（論点を抽出する）

①住民一人ひとりが防災意識を高める
②地域で助け合う体制づくり
③公的機関の防災対策

4 SO WHAT?
（意見をつくる）

①啓発の実施
②地域別の防災訓練の実施
③地域防災計画などの見直し

防災対策は、住民、地域、公的機関の３つの視点に分けて考えることがポイントです。また、文字数も1,500字を超えているので、４部構成にしたほうが書きやすくなります。

（答案例）

1　求められる防災対策

　20××年の台風○号は死者□名、家屋の全壊も△戸を超え、大きな被害をもたらした。また、台風○○号や◇◇豪雨などもあり、❶風水害の多い一年だった。風水害は鉄道の計画運休、マンション地下の機械室浸水による停電、避難所自体の浸水など、地震とは異なる課題も多数存在する。

　風水害・地震を問わず、防災対策は市の重要な使命である。自治体は、住民の生命と財産を守らなければならない。まさに防災対策は本市の喫緊の課題である。

2　本市の防災対策の課題

　これまでも本市は防災対策に積極的に取り組んできたが、依然として次のような課題がある。

　第１に、住民の❷防災意識が不十分な点である。東日本大震災直後には、住民の防災意識が高まった。食糧などの備蓄を準備した家庭も多かったが、現在はその率が低下していることが指摘されている。また、防災の必要性を感じていても、「災害があっても、自分は助かるだろう」といった意識を、多くの人が持っていることがマスコミ等で伝えられている。住民一人ひとりの防災意識が、決して十分とはいえない。

　第２に、地域で助け合う体制が十分でないことである。今回の台風○号においても、同じ地域であっても高台に避難した住民がいた一方で、そのまま地域に残り被害を受け

Keyword &
Point

❶風水害

風水害には、台風、集中豪雨、土砂災害などがあります。事前にある程度の対策をすることが可能な点が、地震とは異なる点です。具体的には、洪水ハザードマップによる確認、土のうや止水板などによる浸水への対応、家屋の窓や屋根などへの対策などあります。なお、洪水などで建物の上層階に避難したり、高層ビル火災などで上階から地表に避難したりすることを垂直避難といいます。また、土砂災害などの危険のある自宅を離れ、避難所などの安全な場所へ避難する場合などは水平避難といいます。

❷防災意識

住民の防災意識については、市民世論調査や市民モニター調査などにより、データとして発表されています。自治体のホームページなどで確認しておくと参考になります。防災意

た者が多数いた。住民一人ひとりが防災意識を高めようとも、個人の活動には限界があり、住民がともに助け合って対策を講じることが重要となる。しかし、現在、地域で助け合う体制は十分とはいえない。

　第3に、防災に関する計画の検証が十分でないことである。近年の災害では、洪水により避難所自体が浸水してしまう、従来の❸ハザードマップで想定された以上の事態が発生するなど、想定外とされるような被害が起きている。これは、災害対策の基本となる❹被害想定そのものが実態と合っていないことを示している。今後、新たな被害想定を作成し、それに基づいた災害対策を講じることが重要である。

3　災害に強い社会をつくるために

　以上の問題点を踏まえ、次のような施策を実施することが重要である。

　第1に、ターゲットを明確にした防災啓発の実施である。これまで、市で行う防災啓発は広く住民を対象としたもので、内容も一般的なものであった。しかし、防災意識は立場により異なってくる。このため、小中学生、町内会・自治会、従業員などの対象を区分し、それぞれの意識や特徴なども配慮して、リーフレットの作成などの防災啓発を実施することが重要である。これにより、住民の防災意識を効果的に高めることができる。

　第2に、地域別の防災訓練の実施である。現在も防災訓練は町内会や自治会単位、または学校の避難訓練や、自治体による総合防災訓練などが実施されている。しかし、訓練の主体がそれぞれ分かれていて、地域全体で取り組むという訓練とはなっていない。実際に大震災が発生すると、地域、学校、企業、自治体などが一体となって対応する必要がある。このため、自治体が主導して、実践に即した地域別防災訓練を実施し、住民コミュニティを活性化するとともに、関係機関の連携を図る。

　第3に、❺地域防災計画やハザードマップの見直しである。甚大な被害に対しては、住民や地域はもとより、自治

体、警察、消防などの関係機関が連携して対応することが必要である。そのためには、的確な被害想定のもとに自治体の地域防災計画が作成されていることが重要となる。また、地震と風水害を区別するなどの対応が求められる。さらに、昨今の気象状況などに対応したハザードマップの見直しも急務である。

4　安全・安心のまちづくりのために

　あるテレビ番組で、台風○号の被災者が「もう家を再建しようという気持ちも起きない」と落胆した様子が放映された。災害をゼロにすることはできないが、防災対策の推進により、被害を減少させることはできる。災害に強い社会を構築することは、すべての自治体にとって緊急かつ重要な課題となっている。私は自治体の職員として、防災対策に全力で取り組む所存である。

問題意識	論理力	表現力	意欲	文章力	総合評価
A	A	A	A	A	A

採点官から

よく書けており、問題ありません。一般に、防災対策は自助（自分の身は自分で守る）、共助（地域で助け合う）、公助（公的機関による防災対策）の3つに分類できるとされています。それぞれの立場で何ができるのかを考えると、自然とその対策が見えてきます。他の問題でも同様ですが、論文対策は自分の頭で考えることで、試験当日の対応力が身につきます。すぐに参考書を見るのでなく、自分で考える癖をつけましょう。

File 7 **地域活性化**
（1,600字）

論文作成のための "つっこみ"

SO WHAT?
（問題文の変換）

地域活性化対策として、本市は何を行うべきか。あなたの考えを述べなさい

WHY?
（問題文を否定する）

地域が停滞・衰退すると？
- 住民どうしのつながりが希薄になれば、地域コミュニティが衰退する
- 観光客なども減少すれば、ゴーストタウンになってしまう

WHY?
（論点を抽出する）

①観光客などを増やす
②転入者を増やす
③人口減少社会でのまちづくり

SO WHAT?
（意見をつくる）

①関係人口の増加
②人口増加の取組み
③地域における協働の
　仕組みづくり

地域活性化は、多くの自治体が直面する切実な課題です。このため、論文のテーマとしても頻出です。どこの自治体でもさまざまな取組みを行っていますので、そうした内容については必ず確認するようにしましょう。

（ 答 案 例 ）

1　求められる地域活性化

　本市の人口は、20 ×× 年に 12.5 万人と人口のピークを迎えたが、それ以降、人口は減少している。現在、市が発表している❶人口推計では、2040 年には 10.5 万人になるとされている。人口減少は、社会のさまざまな面に影響を与える。政治面では地方議員のなり手不足、経済面では後継者不在や慢性的な人手不足、それに伴う生産性の低下などが指摘できる。

　こうした中、自治体として特に対応が求められるのは地域活性化である。さらなる高齢化や人口減少の進展により、住民どうしのつながりが希薄になれば、地域コミュニティが衰退する。また、観光客なども減少すれば、文字どおりゴーストタウンになってしまい、地域が地盤沈下してしまう。まさに地域活性化は、本市の喫緊の課題である。

2　地域活性化のために

　私は、地域活性化のため、次の 3 点に取り組みたい。

　第 1 に、❷関係人口の増加である。関係人口は、将来の移住者の増加や、市内産業の後継者になるなどの効果が見込まれる。関係人口の増加のためには、観光をはじめとした本市の PR をさらに強化することが求められる。これまでも市や❸観光協会はさまざまな取組みを行ってきたが、今後はネットを使った PR や、口コミが拡散する仕組みづく

Keyword & Point

❶人口推計
各自治体が算出している人口推計をホームページなどで必ず確認してください。細かな数字を覚える必要はありませんが、10 年後、20 年後にはどの程度なのかを把握しておきましょう。こうしたデータは面接でも役に立ちます。

❷関係人口
移住した「定住人口」でもなく、観光に来た「交流人口」でもない、地域や地域の人々と多様にかかわる人々のこと。地方圏は、人口減少・高齢化により、地域づくりの担い手不足という課題に直面していますが、地域によっては若者を中心に、変化を生み出す人材が地域に入り始めており、「関係人口」と呼ばれる地域外の人材が地域づくりの担い手となることが期待されています（総務省ホームページか

❸観光協会
日本の都道府県や市町村にある団体で、主に観光産業の振興を目的としています。自治体からの補助金と会費収入によって運営され、観光客の誘致や広報活動などを行っています。

❹コンパクトシティ
商業地や官庁など生活で必要な機能を一定範囲に集め、効率的な生活・行政をめざすまちづくりのこと。これにより、マイカーに頼らず、公共交通機関や徒歩で暮らせるまちにします。

りなど、さらなる取組みが求められる。具体的には、SNSや動画のさらなる活用、本市を舞台としたマンガや小説の募集などを行う。これにより、本市をさらにPRし、関係人口を増加させていく。

第2に、人口増加の取組みである。本市は、全国的に有名な都市とはいえないが、居住市民の満足度は非常に高い。これは、比較的安定した気候であること、豊かな自然を有していること、歴史的建造物があることなどが理由として挙げられている。これらの魅力を広く全国に周知することにより、UJIターン、定年後の居住先としてアピールし、人口増加の取組みを行っていく。具体的には、お試し移住ツアーの開催や、また、子育て世帯を対象とした移住支援金制度の構築などがある。これにより、本市の人口を増加させていく。

第3に、地域における協働の仕組みづくりである。今後は❹コンパクトシティの構築やインフラの統廃合など、まちそのもののあり方や連携の仕組みが大きく変化していくことも予想される。こうした状況の中で、引き続き住民一人ひとりが生き生きと暮らしていくためには、これまで以上に地域におけるさまざまな団体の協働が重要となる。地域にはさまざまな活動団体があるが、団体間の協働体制は十分とはいえない。このため、団体間で情報交換や共同でプロジェクトなどができるようなサイトを市が主体となって構築する。これにより、団体間で協働しやすくなり地域の活性化が期待できる。

3　誰もが幸せを感じられるまちにするために

全国的な人口減少の中、本市もまたその例外ではない。こうした中にあっても、地域を活性化し、誰もが幸せを感じられるまちにするためには、柔軟で大胆な発想が求められる。これまでの慣例に縛られず、あらゆる可能性を探っていく必要がある。

私は市職員として、すべての住民が「○○市に住んでいてよかった」と思ってもらえるように、全力を尽くす所存である。

問題意識	論理力	表現力	意欲	文章力	総合評価
B	**A**	**B**	**B**	**A**	**B**

採点官から

合格論文になっています。今後、ますます人口が減少する中にあって、どのように地域を活性化するかは、各自治体にとっては大きな課題です。このため、観光客を増やす、転入世帯を増やす、住民や NPO などの団体が地域で活発に交流できるような仕組みづくりを行うなどの対応が求められます。ただし、人口減少と地域活性化は別の問題です。地域活性化策を書くべき論文で、人口減少化対策などの結婚や出産の支援などを書かないように注意が必要です。

少子化対策

（1,800字）

（少子化がもたらす問題点を指摘したうえで、本市として今後どのような取組みを行うべきか、あなたの考えを述べなさい）

論文作成のための "つっこみ"

1

SO WHAT?
（問題文の変換）

● 少子化がもたらす問題点は何か
● 少子化対策として、本市は今後どのような取組みを行うべきか、あなたの考えを述べなさい

2

WHY?
（するとどうなる）

少子化が一層進むと？
● 労働力の不足
● 社会保障制度の見直し
● 税収の減少
● 地域コミュニティの崩壊

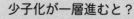

3

WHY?
（論点を抽出する）

①労働力不足
②社会保障制度の破綻
③行政サービスの低下

4

SO WHAT?
（意見をつくる）

①結婚支援
②出産支援
③子育て支援

この出題は、大きく２つに分かれている点がポイントです。まず、問題文にある「少子化がもたらす問題点」は、出題した自治体に限ったことではなく、日本全体に関する問題点が聞かれています。しかし、取組みについては、あくまで自治体としての取組みです。このように、問題点と解決策で、それぞれ書くスタンスが異なる問題もあるので、注意が必要です。

（答案例）

1　少子化の現状
　❶少子化とは、１人の女性が生涯に出産する子どもの数を示す合計特殊出生率が減少し、子どもの人数が少なくなることである。人口を維持するためには合計特殊出生率2.1を維持することとされている。しかし、わが国では1975年に2.0を割り込む1.91まで低下し、その後やや回復したが依然として2.1までには届いていない現状にある。
　少子化は将来の人口減少につながり、それに伴い社会構造に変化をもたらす。本市にとっても喫緊の課題である。
2　❷少子化社会の問題点
　少子化社会の問題点として、次の３点を指摘できる。
　第１に、労働力の不足である。労働力は、一般的に15歳から64歳までの人口を示す生産年齢人口を対象としている。この人口が減少していき、現在生産年齢人口に属する人々が高齢者層に移ることにより、より一層、労働力が不足する。加えて、経済の担い手でもあるため、労働力が不足することで経済規模縮小による景気の落ち込みといったことも挙げられる。
　第２に、社会保障制度の破綻である。高齢者１人を何人の現役世代が支えているかを考えると、1960年では11.2

Keyword &
Point

❶テーマの定義
このように、冒頭にテーマの定義について書くこともあります。必ず書かなくてはならないというものではありませんが、書いておくことによって内容を明確に、その後の文章を論理的に展開することが可能となります。

❷少子化社会の問題点
この論文では、「問題点を指摘したうえで、本市として今後どのような取組みを行うべきか」となっています。このため、第２部と第３部はそれぞれの問題点と解決策が明確な対応関係にはなっていません。通常は問題点Ａ・Ｂ・Ｃに対して解決策をＡ'・Ｂ'・Ｃ'とするのが一般的ですが、この解決策はＸ・Ｙ・Ｚとなっています。このような形式

で回答することもあります。

❸パパママ学級
自治体によって名称は異なりますが、安心して出産を迎えられるように出産を控えた夫婦などを対象として、妊娠中の過ごし方、赤ちゃんのお風呂の入れ方、父親の役割などを教える教室・講座を自治体が開催しています。

❹病児保育
子どもが病気の際に自宅での保育が困難な場合に、病院・保育所等において、病気の児童を一時的に保育するものです。また、病気やけがなどが急性期を経過するなど安定した以後の回復期にある子どもを一時的に預かる「病後児保育」というものもあります。

人であったが1980年には7.4人、2014年には2.4人となっている。このように高齢者と現役世代の人口が1対1に近づいた社会は、「肩車社会」と呼ばれ、現役世代への負担は深刻なものとなってきている。こうした状況に近づいていけば現役世代は負担しきれず、社会保障制度自体が破綻するおそれがある。

第3に、税収の減少により、行政サービスが低下することである。少子化により税を納める現役世代の数は、着実に減少し続けている。この数値は国の予想よりも早く、すさまじいスピードで少子化が進んでいる。こうした状況により税収は落ち込み、これまで受けていた行政サービスの廃止、有料化、公共施設や道路、橋といったインフラの維持・修復をすることが困難になる。

3 本市が行うべき取組み

本市が行うべき少子化対策の取組みとして、次の3点が指摘できる。

第1に、結婚支援である。少子化の原因の一つに、未婚化・晩婚化が指摘できる。このため、市民の結婚を促進するために、専門の相談員による結婚相談コーナーを設置する。また、市主催の街コンなどを実施し、出会いの場を増やす。さらに、SNSなどを活用した広報を行う。これにより、結婚を促進することができる。

第2に、出産支援である。現在、結婚しても、子どもを持たない世帯も多い。このため、出産や育児への不安を解消するため、❸パパママ学級の実施回数を増やすなどの拡充を図る。また、産前・産後に家事援助者などを派遣するサービスを行う。さらに、第2子以降を出産したときには支援金を支給する。これにより、市民の出産に対する不安を取り除くことができる。

第3に、子育て支援である。市はこれまでも保育所の整備を行ってきたが、今後は❹病児保育や夜間保育などの保育サービスを充実させる。また、企業に対して男性の育休取得の推進をPRするとともに、子育て支援に積極的な企業の表彰制度を設ける。さらに、子育て世帯が転入した際

には、支援金を支給し、転入世帯の増加をねらう。これにより、子育てしやすいまちとして市内外にアピールすることができる

4　持続可能なまちづくり

　昨年発表された本市の人口推計では、2030年には、ピークだった1995年の人口から20％減少するとされている。こうした人口構造の変化は、従来のまちのあり方を一変させることが予想される。しかし、そうした中にあっても、本市は持続可能なまちづくりを行っていかなければならない。本市職員として、私は少子化対策に全力を尽くす所存である。

問題意識	論理力	表現力	意欲	文章力	総合評価
A	A	A	A	A	A

採点官から

とてもよく書けています。少子化対策の問題はよく出題されます。このため、日本全体の動向はもちろんのこと、国などの政策についても押さえておく必要があります。また、どこの自治体でも少子化対策に取り組んでいますが、特効薬はありません。ただし、受験する自治体特有の事業を行っていることもありますので、ホームページなどで確認しておくとよいでしょう。

高齢化対策
（1,600字）

論文作成のための "つっこみ"

1 SO WHAT?
（問題文の変換）

高齢化対策として、本市は何を行うべきか。あなたの考えを述べなさい

2 WHY?
（するとどうなる）

高齢化が一層進行すると？
● 労働力の不足、社会保障費の増大、地域コミュニティの衰退
● これにより、社会構造そのものが大きく変化していく

3 WHY?
（論点を抽出する）

①労働力の不足
②社会保障費の増大
③認知症患者の増大

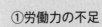

4 SO WHAT?
（意見をつくる）

①さらなる高齢者雇用の促進
②健康寿命延伸への取組み
③認知症対策

高齢者対策については、「するとどうなる？」と考えていくことで、さまざまな課題を発見することができます。たとえば、「高齢者の増加→社会保障費の増大→自治体の財政負担増→行政サービスの見直し」などです。このように発想することで、論文に書ける材料を見つけることができます。

（答案例）

1　求められる高齢化対策

❶総務省統計局によると、20××年の高齢者人口は3,627万人で、人口の29.1％を占めている。日本の高齢者人口の割合は世界でトップとなっている。しかし、2040年には3,921万人で人口の35.3％になると予想されており、ますます高齢者の人数や割合が増加していくことが予想されている。

こうした傾向は、本市においても例外ではない。昨年発表された「○○市人口推計」によると、本市の高齢化率は2030年には32.3％、2040年には38.3％になるとされており、日本全体よりも早く高齢化が進行していくことが予想されている。高齢化により、社会保障費の増大、❷地域コミュニティの衰退などが懸念されることから、本市にとっても高齢化対策は喫緊の課題となっている。

2　本市における高齢化対策

これまでも本市は高齢化対策に取り組んできたが、今後ますます高齢化が進行する中で、次のような取組みが求められる。

第1に、さらなる❸高齢者雇用の促進である。定年の引き上げや廃止などの取組みを行っている企業が増えている。しかし、退職後、健康でありながら何も活動もせずに、か

Keyword & Point

❶総務省統計局によると

総務省統計局では「敬老の日」あたりに、高齢化率に関するデータを発表します。現在の高齢者数・高齢化率はもちろんのこと、将来推計や諸外国との比較なども掲載されているので参考になります。

❷地域コミュニティの衰退

高齢化によって地域コミュニティの衰退が危惧されます。たとえば、外出しない高齢者が多いと昼間に人がいないため住民間のかかわりが希薄化する、お祭りなどのイベントが実施できないなどが想定されます。そうすると、災害が発生したときに高齢者などの災害弱者を救出できないなどの問題が発生します。

❸高齢者雇用
2021年4月に改正高年齢者雇用安定法が施行されました。これにより、65歳までの雇用確保（義務）に加え、65歳から70歳までの就業機会を確保するため、70歳までの定年引き上げ、定年制の廃止などの中から、いずれかの措置を講ずる努力義務が課されました。

❹健康寿命
WHOが提唱した新しい指標で、平均寿命から寝たきりや認知症など介護状態の期間を差し引いた期間のことです。平均寿命と健康寿命の差は、日常生活に制限のある「不健康な期間」を意味します。

えって心身を病んでしまう高齢者も少なくない。このため、働ける場を確保することが重要である。具体的には、市はシルバー人材センター機能を拡充し、企業とのマッチングを促進する。短時間労働や在宅勤務など、高齢者の要望にも配慮するとともに、多くの企業から求人を集める。これにより、高齢者の能力の活用、また、労働力不足に資することができる。

　第2に、❹健康寿命延伸への取組みである。退職後も、心身ともに健康な状態でいるためには、高齢者の生きがいづくりが必要となる。このため、まず生涯学習やリカレント教育の場を拡充させる。市主催の講座などを拡充させるとともに、電子図書の設置など図書館の蔵書を充実させる。また、公園などには健康器具を設置するとともに、民間企業と協働し、まち歩きを行うスマホアプリを活用する。さらに、民間スポーツクラブとも連携し、安価で運動ができるような事業を行う。これにより、高齢者の健康寿命を延伸させることができる。

　第3に、認知症対策である。認知症は高齢になるにしたがって増加し、現在、高齢者の15％が患っているといわれている。今後、さらに高齢化が進み認知症の人は増えていくことが予想されており、認知症対策は急務となっている。このため、まず認知症に対する普及啓発を行う。具体的には、公共施設に認知症予防に関するパンフレットなどを配備するとともに、動画などを放映する。また、福祉センターなどでイベントなどを開催し、認知症に対する理解を深めてもらう。これにより、認知症予防を行うことができる。

3　誰もがいつまでも生き生きと住み続けられるまちに

　今後、生産年齢人口の減少により、本市の税収も減少することが見込まれている。そのため、将来の行政サービスについては、ハード・ソフト両面にわたって見直していく必要がある。そうした中にあっても、今後も住民から信頼される行政運営を行っていくためには、市として高齢化対策に真摯に向き合う必要がある。私は市職員として、誰も

がいつまでも生き生きと住み続けられまちの実現に全力を
尽くす所存である。

問題意識	論理力	表現力	意欲	文章力	総合評価
A	A	A	A	A	A

採点官から

論文としてよくまとまっています。ただし、論文全体を考えた場合、序章の分量がやや多いので、もう少し減らしてもよいでしょう。また、高齢者数や高齢化率などの数字は、最新の数字を押さえておきたいところです。併せて、将来推計についても確認するようにしておきましょう。

論文作成のための "つっこみ"

1 SO WHAT?（問題文の変換）
人口減少対策として、本市は何を行うべきか。あなたの考えを述べなさい

2 WHY?（するとどうなる）
人口が減少すると？
- 併せて生産年齢人口も減少するため、労働力が低下する
- 経済も停滞し、まちの活力が失われる

3 WHY?（論点を抽出する）
①市外への転出者を減らす
②市外からの転入者を増やす

4 SO WHAT?（意見をつくる）
①子どもを持つ世帯の転入増加を図る
②企業の市内移転に向けた支援
③さらなる中小企業への支援

多くの自治体で出題されている頻出問題です。まずは、受験する自治体がどのような人口推計を算出しているのかを確認しましょう。また、当該自治体以外からの転入者を増やすための取組みもいろいろと行われています。具体的に何を行っているのかを確認しておくことが必要です。

（ 答 案 例 ）

1　人口減少の対策は急務

昨年9月、本市の人口推計が発表された。これによると、現在約15万人の人口が、2030年には1割減、2040年には3割減になるとの衝撃的な数字が示されている。少子高齢化の進展に伴う人口減少に、歯止めが利かない状況となっている。

このまま人口減少が続けば、コミュニティの衰退はもちろんのこと、産業や経済の停滞も懸念される。本市がこれからも発展・成長していくためには、多くの人から「選ばれるまち」になっていくことが求められる。まさに人口減少への取組みは、本市の喫緊の課題である。

2　人口増加へ向けた具体的取組み

人口減少への取組みとしては、次の3点が重要である。

第1に、子どもを持つ世帯の転入増加を図ることである。市外の住民からも本市が「選ばれるまち」になるには、魅力あるサービスが必要である。そのためには、まず子どもが住みやすくなるように保育施設を充実する。現在使用されていない公共施設を転用したり、送迎機能を充実させたりして、保育サービスを拡充する。また、保育料や❶子ども医療費などへの支援も行い、保護者の経済的負担を軽減する。さらに、地域の高齢者に気軽に育児相談できる交流機

Keyword ＆
Point

❶子ども医療費
たとえば、小学生以下の医療費を無料にするといった、子ども医療費助成制度を設けている自治体は多くあります。こうした取組みによって、子どもが住みやすいまちになるといわれる一方で、何かあるとすぐに病院に通院するようになる頻回受診も課題になっています。

❷イニシャルコスト

事業開始など、何かを始める際に要する初期費用のこと。開始後に要する経費はランニングコスト。

❸専門家の全国公募

元銀行員など、金融業の経験・知識を持った者が、自治体の産業支援センター長などの公募に申し込み、中小企業を支える仕事に就くことが全国的に行われています。雇われた人は高額の報酬を得られる一方で、成果が出ない場合には、契約の打ち切りなどの厳しい条件があります。

会の場を設けて、保護者の育児負担を軽減する。こうした取組みにより、子ども持つ世帯の転入増加を期待することができる。

　第2に、企業の市内移転に向けた支援を行うことである。企業の機能の一部でも移転が行われると人口増加はもちろんのこと、法人住民税の増収が期待できる。このため、企業の本市への誘致は非常に重要である。まず、未利用となっている市有地や公共施設を低額で購入・賃貸できるような仕組みを設ける。また、たとえば本社との連絡に必要なWi-Fiの環境整備など、❷イニシャルコストの負担に対して補助する制度を設けて、移転しやすい環境整備を行う。さらに、豊かな自然環境や都会に比べ物価が安価なことなどの住みやすさが、従業員の満足度につながることなど、本市の魅力を広くアピールする。これにより、企業の移転を促進する。

　第3に、さらなる中小企業の支援を行うことである。現在、従業員や後継者不足のため廃業する中小企業が少なくない。このため、都心で定年退職となった高齢者の働ける場として、積極的に市外へPRを行い、市外からの就職者を募る。また、各地で行われている企業支援の❸専門家の全国公募を実施し、専門家を募る。その専門家が中心となり、市内企業の支援を行い、確実に実績を残せるようにする。さらに、市内の若者がこうした中小企業に就職し、活躍できるサポートを行い、若者の市外への転出を防ぐ。これにより、市内中小企業の活性化を図ることができる。

3　人口減少をピンチでなくチャンスととらえる

　現在、全国各地で人口減少が進行し、多くの自治体がその対応に追われている。今後さらに人口減少が加速していけば、これまで以上に自治体の存在意義が問われていくことになり、より鮮明に自治体間格差が生じることが予想される。

　私は、人口減少をピンチと考えるのでなく、真の住民サービスはどうあるべきなのかが問われるよいチャンスととらえ、公務員として全力を尽くしていきたい。

問題意識	論理力	表現力	意欲	文章力	総合評価
A	**A**	**A**	**B**	**A**	**A**

採点官から

よく書けています。人口減少対策というテーマに対する解決策の内容は、受験する自治体によって大きく変わってきます。それは、受験する自治体の状況（人口推計、現在実施している施策など）によって、記述する中身が異なってくるからです。また、人口減少対策として、少子化対策と同様の解決策である結婚・出産支援を書くことも考えられます。しかし、効果が出るまでにかなりの時間がかかることを考えると、人口減少対策の解決策としては、疑問を持たれてしまう可能性もあるので、注意が必要です。

子育て支援

（1,600字）

論文作成のための "つっこみ"

1 SO WHAT?
（問題文の変換）

子育て支援として、本市は何を行うべきか。あなたの考えを述べなさい

2 WHY?
（問題文を否定する）

子育て支援を行わないと？
● 子育てしにくい状態が続く
● 子どもを産まなくなり、さらに少子化・人口減少が加速する

3 WHY?
（論点を抽出する）

①相談しやすい環境
②子どもを預けやすい環境
③子育てしやすい労働環境

4 SO WHAT?
（意見をつくる）

①メッセージアプリを活用した相談体制の構築
②保育サービスの拡充
③企業への意識啓発

公務員試験で頻出テーマである少子化対策の解決策の一つとして、子育て支援を書くことがありますが、今回の問題のように、子育て支援そのものがテーマになることもあります。自治体の施策を確認することも重要ですが、自分が子育てすることを想定し、どのような環境が整えば子育てしやすいかを考えるとアイデアが浮かんできます。

（答案例）

1 求められる子育て支援

　2023年4月、①国立社会保障・人口問題研究所は②全国将来人口推計を発表した。それによると、2020年の国勢調査時に1億2,615万人だった総人口は、2045年に1億880万人、2056年には1億人を割って9,965万人となり、2070年には8,700万人になるものと推計される。こうした人口減少の対策として、子育て支援は極めて重要である。

　社会の未来を担う存在である子どもが、適切な環境で健やかに成長することは社会全体の利益につながる。子育て支援の充実によって、子どもが幸せで安全な環境で成長することは、社会にとって極めて重要である。子育て支援はまさに喫緊の課題である。

2 本市が行うべき取組み

　本市は、これまでも子育て支援に取り組んできたが、今後も次の3点に取り組むことが求められる。

　第1に、③メッセージアプリを活用した相談体制の構築である。現在、子ども家庭支援センターなどで対面の育児相談は行われているが、日中働いている保護者にとっては利用しづらい面がある。このため、子育てや親子関係につ

Keyword & Point

❶国立社会保障・
　人口問題研究所

社会保障および人口問題に関する調査・研究を通じ、国民の福祉向上への貢献を目的に設立された厚生労働省の機関。

❷全国将来人口推計

国立社会保障・人口問題研究所が、令和2（2020）年国勢調査の確定数を出発点とする新たな全国将来人口推計を行い、その結果が2023年4月に「日本の将来推計人口（令和5年推計）」として公表されました。

❸メッセージアプリを
　活用した相談体制の
　構築

たとえば、「親子のための相談LINE」を導入している自治体があります。これは、子育てや

いて悩んだときに、メッセージアプリを活用し、匿名で相談できる窓口を設置する。スマートフォンを使い慣れている世代にとっては、匿名で相談できるほうが便利で手軽であり、実際に、こうしたSNS相談は電話相談に比べて相談件数が増えることが報告されている。まずは、相談を聞くことから始め、徐々に対面の相談に誘導していくことで、子育ての孤独感、不安を少しでも除き、虐待の防止につなげる。これにより、子育てに関する相談体制を充実させることができる。

　第2に、保育サービスの拡充である。子育てをしている世帯にとって、子育ては大きな負担になっていることから、負担軽減のために保育サービスを拡充することが求められる。このため、まず、現在不足しているといわれている学童保育を充実させる必要がある。新たな施設を整備するのでなく、児童館などを活用してサービスを提供していく。また、保育所については、延長保育や夜間保育、短時間保育など、多様な保育スタイルに対応することで、多様な家庭のニーズに対応する。さらに、保育料の軽減や無料化の検討や保育士の確保と育成、地域全体で子育てを支援する仕組みの構築が求められる。これにより、子育て世帯の負担を軽減することができる。

　第3に、企業への意識啓発である。子育てしやすい環境の整備のためには、企業の取組みが重要であり、行政として積極的な意識啓発をすることが求められる。具体的には、フレックスタイム制度やリモートワークの導入、時短勤務の選択肢を増やすなど、家庭と仕事の両立をサポートできる柔軟な勤務形態の導入である。また、育休の取得推進も重要である。特に❹男性の育休取得率は依然として高くないことから、強く働きかける必要がある。さらに、ワークライフバランスの推進も求められる。ワークライフバランスの推進は、長時間労働などの防止といった従業員の心身の健康が実現されるだけでなく、それによる生産性の向上によって、企業価値を高めることにもつながることをアピールしていく。

3　将来を担う子どもたちのために

　将来を担う子どもたちが健やかに成長することは、極め
て重要な課題である。子育て支援の取組みが、今後の地域
や日本の行く末を決めるといっても過言ではない。そのた
めには、われわれは子育て支援に真正面から取り組んでい
く必要がある。私は市職員として、全力を尽くす所存であ
る。

問題意識	論理力	表現力	意欲	文章力	総合評価
A	A	B	A	A	A

採点官から

よくまとまっている論文になっています。解決策3点のバランスもよく、整理
されています。ただ、全体的に本論の分量が多い印象を受けますので、もう少
しコンパクトにしてもよいでしょう。
また、序章でかなり細かく数字を挙げていますが、ここまで書かなくても構い
ません。もう少し簡潔にまとめたほうが読みやすくなります。

多文化共生社会の構築
（1,400字）

論文作成のための "つっこみ"

1 SO WHAT?
（問題文の変換）

外国人労働者や外国にルーツを持つ子どもなど、外国人住民が増える中で、お互いの価値観を認め合う多文化共生社会を構築するためには、何を行うべきか

2 WHY?
（問題文を否定する）

お互いの価値観を認め合わないと？
● 日本人と外国人との間で、円滑なコミュニケーションが図れない
● 両者の間でトラブルが発生する
● 安全・安心な地域社会が構築できない

3 WHY?
（論点を抽出する）

日本人と外国人が円滑なコミュニケーションを構築するには？
① 外国人住民に対し日本のルールなどを的確に周知する
② 日本人住民が異文化を学習できる環境を整える
③ 両者が交流する機会を設ける

4 SO WHAT?
（意見をつくる）

① 外国人住民への的確な周知・PR
② 日本人住民の異文化理解の促進
③ 外国人住民が地域のイベントに参加しやすい環境を構築する

自治体によって、外国人居住者の状況は大きく異なります。都市部では多くの外国人が生活していますし、企業城下町の自治体であれば、特定の国や地域の外国人が働いているということもあります。また、今後は外国人労働者の増加も見込まれていますので、受験する自治体の状況を確認しておきましょう。

（答案例）

1　お互いの価値観を認め合う社会

　本市の外国人住民は人口の約５％を占めており、住民数も増加傾向にある。出入国管理法の改正により、❶外国人労働者の受け入れも拡大しており、本市においてもさらなる外国人住民の増加が見込まれる。しかし一方で、地域でのトラブルも報告されている。❷分別をしないでごみを捨てたり、文化の違いから学校でいじめが発生したりと、新聞やテレビでトラブルに関する報道に接する機会も少なくない。

　しかし、日本人であろうと外国人であろうと、地域社会の一員であることに変わりはない。お互いが価値観を認め合わなければ、まちづくりを行うことは困難である。まさに❸多文化共生社会の構築は喫緊の課題である。

2　多文化共生社会の構築のために

　多文化共生社会を構築するためには、次の３点が重要である。

　第１に、外国人住民への的確な周知・PRである。日本に居住する外国人の中には、日本の生活ルールや文化を理解していない者も多い。このため、転入の際には、外国人住民向けハンドブックの配付や、市の外国語版のホームページなどを周知する。また、翻訳サービスなどを日本人住民に周知し、ごみ出しや買い物など、日本人住民から情

**Keyword &
Point**

**❶外国人労働者の
　受け入れも拡大**

外国人労働者の受け入れを拡大する新たな制度が2019年４月に始まりました。これまで「高度な専門人材」に限定されていた就労目的の在留資格を、事実上の単純労働者にも認めるというものです。

**❷分別をしないで
　ごみを捨てたり**

外国人住民が日本の生活ルールを理解しないことの例として、よく指摘されるのがこのごみの分別です。これにより、マンションなどの集合住宅やごみの集積所で、日本人住民との間でトラブルになっています。

❸多文化共生

多文化共生とは、「国籍や民族などの異なる人々が、互いの文化的ちがいを認め合い、対

等な関係を築こうとし
ながら、地域社会の構
成員として共に生きて
いくこと」(総務省：多
文化共生の推進に関す
る研究会報告書) など
と定義されています。

**❹外国人住民が
　地域のイベントに
　参加しやすい環境**
自治体が外国人住民の
すべてのサポートをす
るのは困難です。身近
な地域で日本人住民と
の円滑なコミュニケー
ションを構築して、そ
れぞれの地域の課題は
地域で解決することが
望まれます。そのよう
なシステムを構築する
ため、自治体は適切な
サポートをすることが
望まれます。

報を発信しやすいように支援を行う。これにより、外国人住民の日本の生活ルールや文化の理解をサポートする。

　第2に、日本人住民の異文化理解の促進である。円滑なコミュニケーションを確保するためには、日本人住民が外国の文化や習慣などを理解することも重要である。このため、市が実施する講座において、従来の外国語講座だけでなく、各国の料理教室など異文化理解を促進する内容を充実させる。また、地域で活躍する外国人住民が自らの国や地域の文化などを紹介するイベントを実施したり、学校での授業に取り入れたりする。こうした取組みにより、日本人が多様な異文化を理解することができる。

　第3に、❹外国人住民が地域のイベントに参加しやすい環境を構築することである。外国人住民もそれぞれの地域に住んでおり、地域ごとの交流を促進することが重要である。具体的には、地域で開催される防災訓練やお祭りなどに気軽に参加できるよう、市が町内会と外国人コミュニティとの間の仲介を行う。また、両者が気軽に交流できる掲示板をホームページ内で設置する。こうした取組みにより、各地域で日本人住民と外国人住民との交流を促進することができる。

3　地域社会の一員として

　新型コロナウイルスも収束し、訪日外国人旅行者数は増加している。また、今後、さらに人材不足が見込まれており、外国人住民も増えることが予想される。本市においても国際化は確実に進行しており、日本人住民も外国人住民を同じ地域社会の一員として、役割を果たすことが求められている。お互いの価値観を認め合う多文化共生社会が構築できなければ、地域社会は発展することはできない。私は市職員として、多文化共生社会の構築に全力で取り組む所存である。

問題意識	論理力	表現力	意欲	文章力	総合評価
A	**A**	**B**	**B**	**A**	**A**
採点官から					

よく書けています。多文化共生社会の構築は確かに重要です。しかし、一方で依然として日本人住民と外国人住民とのトラブルが発生していることも事実です。このように、理想と現実を踏まえつつ、いかに採点官に対して説得力のある内容を提示できるかが問われます。単なる理想論だけの内容では、説得力に欠けるものになってしまうので注意してください。

DX対策
（1,600字）

論文作成のための "つっこみ"

1 SO WHAT?
（問題文の変換）

本市は、DX に対してどのように取り組むべきなのか。あなたの考えを、具体的に述べなさい

2 WHY?
（するとどうなる）

DX が推進すると？
- 情報技術が浸透し、人々の生活が改善される
- 住民サービスの向上や効率的な行財政運営などが期待できる

3 WHY?
（論点を抽出する）

①住民サービスへの影響
②行財政運営への影響
③職員への影響

4 SO WHAT?
（意見をつくる）

①行政手続のオンライン化、チャットボット、オープンデータ
② AI・RPA の活用、テレワークの推進
③情報セキュリティに対する意識啓発、研修、外部人材の導入

どの自治体でも DX の推進は重要な課題です。自治体では、「○○市 DX 推進計画」のような行政計画を作成していますので、できれば一読しておくとよいでしょう。着目すべきポイントは、住民サービスの向上と効率的な行財政運営の2点です。

（ 答 案 例 ）

1　今求められる**①**DX への取組み

　現在、本市財政は予断を許さない状況にある。急速な人口減少が進行する中、今後、大幅な税収の増加は見込めない。一方で、市政の課題は山積している。防災、福祉、環境、教育など、さまざまな分野で住民ニーズは多様化・高度化している。

　このような厳しい財政状況の中で、山積する課題に対応するためには、効率的・効果的な行財政運営は不可欠である。限られた財源を有効に活用しなければ、住民から信頼される市政運営を行うことはできない。

　そこで今強く求められるのは DX への取組みである。DXにより住民サービスの向上や効率的な事業執行が期待されており、国も「**②**自治体 DX 推進計画」等を掲げている。本市においても DX の推進は喫緊の課題である。

2　DX を推進させるために

　これまでも本市は DX に取り組んできたが、次の３点をさらに推進させる必要がある。

　第１に、住民サービスの向上である。新型コロナウイルス感染症の影響によって、窓口でなければ手続きができないなど、改めて住民サービスのあり方が問われた。このため、マイナンバーを活用したオンライン手続きはもちろんのこと、市独自のサービスにおいても電子申請を推進して

Keyword & Point

❶ DX

Digital Transformation デジタル・トランスフォーメーションのこと。進化した IT 技術を浸透させることで、人々の生活をよりよいものへと変革させることを意味しており、2004 年にスウェーデンのウメオ大学のエリック・ストルターマン教授によって提唱されました。経済産業省は、「DX 推進ガイドライン」において、DXを「企業がビジネス環境の激しい変化に対応し、データとデジタル技術を活用して、顧客や社会のニーズを基に、製品やサービス、ビジネスモデルを変革するとともに、業務そのものや、組織、プロセス、企業文化・風土を変革し、競争上の優位性を確立すること」と定義しています。

❷自治体 DX 推進計画

国は、「デジタル・ガバ

メント実行計画」（令和2年12月25日閣議決定）における自治体関連の各施策について、自治体が重点的に取り組むべき事項・内容を具体化するとともに、総務省および関係省庁による支援策等をとりまとめ、2020年12月に「自治体デジタル・トランスフォーメーション（DX）推進計画」として策定しました。なお、2022年9月に、「自治体デジタル・トランスフォーメーション（DX）推進計画【第2.0版】」として改定されています。

❸チャットボット
チャットとボットを組み合わせた言葉で、人工知能を活用した自動会話プログラムのこと。人工知能を組み込んだコンピュータが人間に代わって対話するもので、自治体でもごみの分別方法や各種の申請や手続に関する相談などで活用されています。

❹RPA
Robotic Process Automation の略で、人が行う定型的なパソコン操作をソフトウェアのロボットが代替して自動化するもの。大量の定型作業を自動化することが可能となり、複数のシステムやアプリケーション間を連携させるような操作も自動化することが可能となります。自治体では、個人番号カード交付管理、住民税申告書の入力、職員の時間外勤務時間の集約・集計や給与明細の作成など、幅広い分野で活用することができるとされています。

いく。また、❸チャットボットを活用し、住民がいつでもどこでも相談できるような体制を整備する。さらに、住民や事業者と協働したまちづくりを行えるようオープンデータを充実させる。こうした取組みにより、住民サービスを向上させることができる。

第2に、行政事務の効率化である。これまでも市は行政事務の効率化に取り組んできたが、DXによりさらなる効率化を図ることができる。まず、AIの活用である。保育所入所処理などでは大幅に時間が短縮できており、他業務においてもさらなるAIの活用を図る。また、大量の定型作業を自動化できる❹RPAを、行政のさまざまな分野で導入・推進していく。さらに、職員のテレワークを進める。❺ICTを用いて時間や場所を有効に活用できる働き方は、業務の効率化だけではなく、感染症や災害の発生時への対応においても有効である。こうした取組みにより、行政事務を効率化することができる。

第3に、職員の育成である。住民にとっても、市にとっても有効なDXであるが、これを推進するためには、何よりもDXに取り組む職員の育成が重要となる。まず、情報セキュリティに対する意識啓発である。個人情報を取り扱う職員は、住民の信頼を損なうことがないよう、これまで以上にセキュリティに対する認識を高める必要がある。また、職員のDXに対する認識を高めるため、研修の実施やプロジェクトチームを編成する。さらに、❻CIOの設置や外部人材の導入についても積極的に検討する。こうした取組みにより職員の育成を図ることができる。

3　すべての住民の福祉向上のために

　DXの推進は、住民サービスの向上にとって効果的である。しかしながら、一方で未だにICT機器に不慣れな住民がいることを忘れてはいけない。誰一人取り残されないデジタル社会の実現のためには、❼デジタルデバイド対策についても市は積極的に取り組んでいかねばならない。

　私は本市職員として、DX推進に積極的に取り組むとともに、すべての住民の福祉向上のために全力を尽くす所存

である。

❺ ICT
Information and Communications Technology の略で、情報技術を用いたコミュニケーションのこと。情報通信技術。

❻ CIO
Chief Information Officer の略で、「最高情報責任者」「情報統括役員」「情報システム担当役員」などと訳されます。首長の指示系統の明確化等の観点から、副知事や副市長等が任命されることもありますが、外部から任用している自治体もあります。

❼デジタルデバイド
IT（情報技術）を利用できる層とできない層との間で生じる格差のこと。情報格差。

問題意識	論理力	表現力	意欲	文章力	総合評価
A	A	A	B	A	A

採点官から

ここまで書けていれば問題ありません。DX に関する出題は、最近増えているため注意が必要です。DX の推進については、各自治体で取り組んでいるのは当然ですが、自治体によって「温度差」があります。そのため、各自治体で作成している「DX 推進計画」のような行政計画については、一度確認しておいたほうがよいでしょう。なお、その際、マイナンバーの活用など全国共通の内容と、各自治体独自の取組みがあることに注意しましょう。

SDGsへの取組み
（1,600字）

論文作成のための "つっこみ"

1 SO WHAT?
（問題文の変換）

本市は、SDGs に対して具体的にどのように取り組んでいくべきなのか。あなたの考えを述べなさい

2 WHY?
（問題文を否定する）

SDGs に取り組まないと？
● SDGs とは持続可能な開発目標であり、これを否定することは持続可能なまちづくりを否定することになる
● 「持続不可能なまちづくり」では、自治体の存在意義が否定されるとともに、住民にも大きな損害を与えてしまう

3 WHY?
（論点を抽出する）

①本市の行政運営と SDGs との関係は、どのようになっているのか
②自治体だけの取組みでよいのか
③効果的にアピールする方法はないか

4 SO WHAT?
（意見をつくる）

①行政計画と SDGs との関係を明確化
②市民や企業等に対する働きかけ
③ SDGs 未来都市となる

この問題に答えるためには、①そもそもSDGsとは何か、②受験する自治体ではSDGsにどのように取り組んでいるのかを知っておく必要があります。特に②については、自治体によって濃淡があるので、注意が必要です。

（答案例）

1　今求められるSDGsへの取組み

　現在、本市は大きな転換期にある。新型コロナウイルス感染症の影響は一段落したものの、経済、福祉、健康、教育など行政各般にわたり、本市は課題を抱えている。また、少子高齢化に伴う人口減少や社会保障費の増大、老朽化したインフラ、DXへの対応など、中長期的な課題にも対応していかねばならない。

　しかし、いつの時代においても、行政の役割は住民福祉の向上であることに変わりはない。住民ニーズを的確に把握し、それに対応した事業を展開していくことが求められる。そして、将来にわたって住民の信頼に応えるまちづくりを行っていく必要がある。これは、まさに「持続可能な開発目標」であるSDGsの考え方そのものである。本市は、積極的にSDGsに取り組み、持続可能なまちづくりを行っていかなければならない。

2　積極的なSDGsへの取組み

　本市は、これまで以上にSDGsに取り組むため、次の点を実施する必要がある。

　第1に、本市の行政計画とSDGsとの関係を明確化することである。本市の事業は防災、環境、ジェンダーなど非常に幅広く、❶現在でもSDGsと密接な関係を持っている。しかし、総合計画や各種行政計画とSDGsとの関係が明確

Keyword &
Point

**❶ SDGsとの
　密接な関係**
行政の各業務はSDGsの17のゴールと関連します。このため、各業務から問題提起するという方法もあります。

❷ KPI
Key Performance Indicator の略で重要業績評価指標と訳される。組織の達成目標に対して、目標達成度合いを評価する指標。自治体で用いる場合、たとえば「外国人が活躍できる地域社会づくり」の実現のため、「多文化共生イベントの参加者の満足度」をKPIとして設定するなどがあります。

❸ 子ども食堂
地域住民、NPO団体、自治体などが主体となり、無料または低価格帯で子どもたちに食事を提供する場。開催頻度、料金、運営主体などさまざまな形態があることから、明確な定義はありません。2012年、東京都大田区の「気まぐれ八百屋だんだん」の一角に設置されたのが始まりとされています。

❹ SDGs 未来都市
内閣府が2018年度より開始した制度。SDGsの達成に向けた取組みを積極的に進める自治体を公募し、経済・社会・環境の三側面の統合的取組みにより、新たな価値を創造する提案を行った自治体を認定します。

❺ 2025 年問題
第1次ベビーブーム（1947～1949）に生まれた「団塊の世代」と呼ばれる人たちが後期高齢者（75歳）になることで起こるさまざまな問題のこと。具体的には、医療費や介護費の増大とそれに伴う現役世代の負担増、認知高齢者数や高齢者世帯の増加、高齢者の就労促進、企業におけ

でなく、わかりにくい面がある。これでは、本市がせっかく取り組んでいても、十分にアピールすることができない。このため、行政計画における❷KPIとSDGsのゴールやターゲットとの関係を明確にする。これにより、本市の行政運営がSDGsに基づいていることを示すことができるとともに、本市のSDGsの取組みを広く市内外に示すことができる。

　第2に、市民や企業等に対する働きかけである。SDGsの取組みは、自治体だけでなく、住民、企業、各種団体など、さまざまな主体と協働していかなければ十分な成果を挙げることはできない。そのため、住民や企業等がSDGsに基づく行動を進んで実施できるような事業を展開する。具体的には、NPOが実施する❸子ども食堂などの活動に補助金を支給したり、SDGs実施企業の入札を優遇したりするなどのインセンティブを設ける。また、こうした地域の取組みを広報紙やケーブルテレビ番組で取り上げるなど、SDGsの対する啓発や広報を行っていく。これにより、住民や企業なども含めて市全体でSDGsに取り組むことができる。

　第3に、❹SDGs未来都市となることである。SDGs未来都市は、SDGsの達成に向けた優れた取組みを提案した自治体が政府により選定されるもので、広く本市の取組みをアピールすることができる。また、併せて自治体SDGsモデル事業に選定されれば、補助金を得て事業を展開することができる。こうした活動は、地方創生の理念とも合致しており、人口減少対策が急務である本市にとっても効果的である。さらに、他のSDGs未来都市との連携を図ることで、活動の範囲を本市だけでなく、全国へと広げることができる。こうした取組みを実施することで、より効果的にSDGsに取り組むことができる。

3　未来志向のまちづくりを

　SDGsの達成年限は2030年としているが、これはいわゆる❺2025年問題のわずか5年後にすぎない。少子高齢化、人口減少など社会構造が大きく変化する本市にとって

は、まさにSDGsの取組みは喫緊の課題である。17のゴール、169のターゲットは非常に広範囲で、かつ高い目標である。しかし、⑥持続可能なまちづくりのためには、本市でも着実に取り組んでいく必要がある。

　私は本市の職員として、SDGsに積極的に取り組むとともに、現在そして将来の住民のためにも、全力を尽くす所存である。

る人材不足や事業承継などがあります。

⑥**終章の目的は
　テーマの重要性について再度
　言及すること**

序章の「積極的にSDGsに取り組み、持続可能なまちづくりを行っていかなければならない」を内容を変えて述べ、公務員としての決意表明をして締めくくっています。

問題意識	論理力	表現力	意欲	文章力	総合評価
B	A	B	B	A	B

採点官から

簡潔明瞭な論文になっています。こうした問題の場合、SDGsに対する説明ばかり書いてしまう受験生がいますが、この論文では「自治体が何をすべきか」という受験生の意見が明確になっています。また、SDGsの個別の内容を取り上げて、より具体的に説明できれば、評価を高めることもできます（p.182参照）。なお、最近ではSDGsの出題が多くなっていますが、SDGs全般でなく、環境問題、貧困問題などの個別の内容に合わせた「持続可能なまちづくり」について出題される可能性もあるので、注意が必要です。

File 15 リカレント教育

（1,300字）

論文作成のための"つっこみ"

1 SO WHAT?
（問題文の変換）

本市は、リカレント教育にどのように取り組むべきなのか。あなたの考えを、具体的に述べなさい

2 WHY?
（問題文を否定する）

リカレント教育を推進しないと？
● 定年退職後に働かない高齢者が増える
● デジタル化などに対応できず失業者が増加する
● 住民がリカレント教育の機会や必要性を認識しない

3 WHY?
（論点を抽出する）

①学習機会の提供の充実
②情報提供の仕組みの充実
③住民に対する意識啓発

4 SO WHAT?
（意見をつくる）

①講座の充実、図書館の充実
②情報を集約したサイトの作成、広報誌等の活用
③リカレント教育の重要性の周知

リカレント教育、生涯学習、リスキリングのそれぞれの意味の違いをしっかり押さえておきましょう。また、リカレント教育のために、自治体がすべての講座を準備することは、現実的ではありません。民間事業者など、他のさまざまな実施主体と、どのように連携等を行うのかも重要な視点です。

（ 答 案 例 ）

1　注目される_❶リカレント教育

　現在、リカレント教育が大きく注目されている。人生100年時代を迎え、今後ますます高齢者の健康や就労が重要となってきている。また、急速なデジタル化の進行により、AI や DX への対応などの技術革新・市場の変化に対応するため、必要な知識の獲得が求められている。さらに、終身雇用に代わるジョブ型雇用の定着化など、従来の日本人の働き方も変化している。

　こうした背景から住民を取り巻く環境は大きく変化しており、リカレント教育の必要性が叫ばれている。本市においても、リカレント教育への取組みは喫緊の課題である。

2　さらなるリカレント教育の推進

　本市は、これまでも❷生涯学習などに力を入れて取り組んできたが、リカレント教育推進のためには、次の3点が重要である。

　第1に、学習機会の提供の充実である。本市は、これまでも文化施設や情報センターなどで、外国語、IT、資格取得などさまざまな講座を開設し、住民ニーズに対応してきた。今後も住民や社会ニーズに対応した講座を開催するとともに、民間事業者と連携した講座を実施する。また、図書館では電子書籍、DVD、オーディオブックなどを充実さ

Keyword &
Point

❶リカレント教育

政府広報オンラインでは、「リカレント教育とは、学校教育からいったん離れて社会に出た後も、それぞれの人の必要なタイミングで再び教育を受け、仕事と教育を繰り返すことです。日本では、仕事を休まず学び直すスタイルもリカレント教育に含まれ、社会人になってから自分の仕事に関する専門的な知識やスキルを学ぶため、『社会人の学び直し』とも呼ばれます」と説明されています。

❷生涯学習

人々が生涯に行うあらゆる学習（学校教育、家庭教育、スポーツ活動、ボランティア活動、企業内教育、趣味など）の場や機会において行う学習を意味します。このため、趣味やスポーツ、ボランティ

ア活動等、生きがいとして学ぶ学習活動も含まれます。しかし、リカレント教育は働くことが前提の学びのため、そうしたものを含みません。このため、リカレント教育は生涯学習の一つといえます。

❸リスキリング

新しい職業に就くために、あるいは、今の職業で必要とされるスキルの大幅な変化に適応するために、必要なスキルを獲得する（させる）こと。リスキリングは、企業が戦略的に従業員に学びの機会を与えることなので、一般的に離職することはありません。これに対して、リカレント教育は、個人が主体的に学び直しを行い、新たな仕事のスキルや知識を習得するため、離職することもある点が、リスキリングとの違いです。

せる。さらに、住民が負担する受講料への一部補助などを行っていく。これにより、これまで以上に住民に学習機会を提供することができる。

　第2に、住民に対する情報提供の仕組みを充実させることである。リカレント教育を実施する主体としては、本市以外にも、国、県、大学、民間事業者など多数あり、住民にとっては必要な情報がすぐにわかりにくい現状がある。このため、リカレント教育の情報を集約するサイトを市ホームページ内に作成する。また、こうした情報をSNSや広報誌なども活用して、広く住民に発信していく。これにより、住民は知りたい情報をすぐに得ることが可能となる。

　第3に、住民に対する意識啓発である。現在、リカレント教育の重要性は高まっているが、必ずしも住民に浸透しているとはいえない。定年直後の住民などは、まだまだ心身ともに健康であるにもかかわらず、活躍できる場を見つけられていないこともある。このため、市のホームページ、SNS、動画サイト、ケーブルテレビ、広報誌などを通じて、リカレント教育の重要性を周知する。また、各種イベントにおいても、チラシ等を配布し広報する。これにより住民の意識を高めることができる。

3　住民福祉向上のために

　現在、本市の高齢化率は30％を超え、今後も上昇することが見込まれている。人生100年時代、誰もが健康で生き生きと生活するためには、やりがいのある仕事は大事な要素である。このためにも、リカレント教育は重要となっており、また、企業では❸リスキリングの取組みも盛んになっている。私は、リカレント教育を通して住民福祉をさらに向上させるため、市職員として全力を尽くす所存である。

問題意識	論理力	表現力	意欲	文章力	総合評価
A	B	B	B	A	B

採点官から

リカレント教育の論文としては、この程度書けていれば問題ないでしょう。た
だ、できれば学習機会の提供の充実について、自治体の実態に合わせ、もう少
し踏み込みたいところです。なお、リカレント教育に関する出題については、
住民意識調査などの結果を示し、そこから問題点を指摘させたうえで、解決策
を書かせる問題もあります。こうした問題では、適切にデータを読み取る力も
求められます。

論文作成のための "つっこみ"

1 SO WHAT?（問題文の変換）

本市は、空き家対策にどのように取り組むべきなのか。あなたの考えを、具体的に述べなさい

2 WHY?（問題文を否定する）

空き家対策をしないと？
- 家屋の倒壊、外壁材や屋根材の落下など保安上の危険が発生する
- ごみの不法投棄、悪臭、ねずみや害虫などの繁殖など、衛生や景観の悪化などをもたらし、地域住民の生活環境に深刻な影響を及ぼしてしまう

3 WHY?（論点を抽出する）

①現在ある空き家を有効に活用する
②危険な空き家を解体する
③空き家を増やさない、つくらないようにする

4 SO WHAT?（意見をつくる）

①空き家の有効活用の促進
②空き家の解体促進
③空き家問題に対する住民への意識啓発

空き家問題は、多くの自治体にとって悩ましい問題です。個人の財産である空き家ですので、勝手に行政が解体などの処分をすることができません。しかし、放置していれば、悪臭などの近隣住民への影響が出てしまいます。今後、ますます空き家が増えることが予想されるため、出題される可能性も高いでしょう。

（ 答 案 例 ）

1　空き家問題を巡る現状

　全国的な人口減少に伴い世帯数も減少する一方で、世帯数を上回る住宅ストック数が存在することから、空き家が大きな問題となっている。❶総務省の調査によると、空き家の総数は、この20年で約1.5倍に増加したとされている。

　空き家が増加すると、景観の悪化やごみの不法投棄などの問題が発生するだけでなく、放火や不法侵入などの犯罪の温床になるおそれがある。さらに地震などの災害が発生した場合に、空き家の倒壊により避難経路がふさがれるなどの問題も発生する。まさに空き家問題は喫緊の課題である。

2　求められる空き家対策

　これまでも本市は空き家対策に取り組んできたが、なお次の3点に取り組むことが求められる。

　第1に、空き家の有効活用の促進である。解体すべき危険な空き家が存在する一方で、継続使用が可能な空き家も多く存在する。このような空き家を市民ニーズに合わせて再活用することは、地域生活の利便性の向上にもつながる。そのために、まず、市に空き家に関する専用の相談窓口を設け、空き家に関する相談に乗るとともに、賃貸や売却を希望する人と、空き家の利用を希望する人とをマッチング

Keyword &
Point

❶総務省の調査

総務省の「住宅・土地統計調査」を指します。これによると、空き家の総数は、この20年（1998→2018年）で約1.5倍（576→849万戸）に増加したとされています。二次的利用、賃貸用または売却用の住宅を除いた長期にわたって不在の住宅などの「その他空き家」（349万戸）については、この20年で約1.9倍に増加しています。

❷全国版空き家・空き地バンク

自治体が把握・提供している空き家等の情報について、自治体を横断して簡単に検索できる仕組みで、国土交通省が設置しました。バンクに登録しておけば、空き家を「買いたい・借りたい」人が登録された物件の中から自分に合ったものを検索で

き、申込みをしてきた人に空き家を売ったり貸したりできます。

❸空家等対策特別措置法の改正

「空家等対策の推進に関する特別措置法の一部を改正する法律」が2023年6月に公布されました。これにより、空き家の「活用拡大」「管理の確保」「特定空き家の除却等」の3本柱で対応が強化されました。

❹地域コミュニティの活性化

たとえば、東京都は、空き家（戸建て住宅）を活用した事業プランを考える起業家を支援するため、空き家活用事業を実施しています。具体例として、空き家を活用して、季節のフルーツを使ったデザートショップにする、若手アーティストの美術作品を展示・販売するスペースにするなどがあります。

できる制度を構築する。また、所有者に対して国土交通省が実施する「❷全国版空き家・空き地バンク」への登録を促す。空き家バンクに登録することで、空き家を活用したいと考える人が気軽に検索することができ、空き家が活用される可能性を高めることができる。こうした取組みによって、空き家を減らすことができる。

第2に、空き家の解体促進についてである。空き家が発生してしまう理由としては、居住者の死亡や転居、実家を相続した子などが居住しないなどがある。また、生まれ育った家に愛着があるため売却をためらったり、他人が住むことへの抵抗感があったりして、居住可能な住宅であるにもかかわらず、結果的に空き家になってしまうケースもある。しかし、有効活用できないのであれば、解体を促進していく必要がある。このため、空き家の居住者に対して解体の必要性などを訴えていく。また、特に危険な空き家の解体については、市がその経費の一部を補助する事業を構築する。こうした取組みにより、空き家の解体が促進され、空き家を減らすことができる。

第3に、空き家問題に対する住民への意識啓発である。今後、人口減少や高齢化がさらに進展する中で、ますます空き家が発生することが予想される。これを避けるためには、現在空き家になっていない居住者も含めて、空き家問題に対して意識啓発を行うことが重要となる。具体的には、空き家が悪臭や犯罪など、地域に大きな問題をもたらすことを、動画やパンフレット、SNSの活用など、さまざまな方法を用いて広報する。また、❸空家等対策特別措置法の改正に伴い、所有者の責務が強化されたことや、勧告を受けた管理不全空き家は、固定資産税の優遇が解除されることなどを伝えていく。こうした取組みによって、住民の空き家に対する認識を高めることができ、空き家を減らすことができる。

3　誰もが住みやすいまちにするために

空き家は区民の生活を脅かす重大な課題である。しかし、有効活用できれば、❹地域コミュニティの活性化や市民生活

の利便性の向上につなげることもできる。今後ますます空き家が発生することが予想される中で、誰もが住みやすいまちにするためには、この対応が大きく問われているといっても過言ではない。私は市職員として、空き家対策に全力を尽くす所存である。

問題意識	論理力	表現力	意欲	文章力	総合評価
A	A	A	A	A	A

採点官から

空き家対策の論文としてよく書けており、問題ありません。空き家対策として、行政代執行による解体を考える人も多いと思いますが、あくまで空き家は個人や法人の財産ですので、すぐに処分はできません。倒壊など著しく保安上危険となるおそれがある状態などの空き家として、「特定空き家等」に認定されることが必要であり、その後、助言指導、勧告、命令などの過程を経てから、行政代執行されることとなります。行政代執行でかかった費用は、全額空き家の所有者に請求されます。

観光振興
（1,400字）

論文作成のための "つっこみ"

1

SO WHAT?
（問題文の変換）

本市は、観光振興にどのように取り組むべきなのか。あなたの考えを、具体的に述べなさい

2

WHY?
（問題文を否定する）

観光振興を行わなければ？
● 人口減少が進行する中、ますます地域経済が低迷し、地域の衰退が加速していくことになる

3

WHY?
（論点を抽出する）

①観光客が来る目的は何か
②観光客が何度も訪れるようにするには
③観光客を呼び込むための工夫は

4

SO WHAT?
（意見をつくる）

①観光資源の発掘
②ハード・ソフトの整備
③広報・PR の拡充

コロナ収束後、再び観光が注目を集めています。ただし、観光については自治体だけでなく、さまざまな団体と連携・協働して取り組むことが必要となります。自治体だけの視点では狭くなってしまい、説得力のある論文にならないので注意が必要です。

（ 答 案 例 ）

1　求められる観光振興
　今後、さらに人口減少が進行することが見込まれる中、観光は地域の経済や活性化に大きな影響を与える非常に重要な要素となっている。本市においても、①新型コロナウイルス感染症の影響により観光客数は大きく落ち込んだが、現在では少しずつ増加傾向にある。
　最近では、②アニメの舞台となった自治体に、日本だけでなく海外からも多くの観光客が集まっており、地域の活性化に結び付いている事例も少なくない。本市においても、今まさに観光振興は喫緊の課題である。
2　さらなる観光振興のために
　今後のさらなる観光振興のために、次の3点の取組みが求められる。
　第1に、観光資源の発掘である。観光施策については、本市だけでなく、観光協会やNPOなどの各種団体も活動している。しかし、一方でマンネリ化や、海外からの観光客のニーズに対応していないとの指摘もある。このため、住民や民間企業など、多種多様な参加者によるワークショップを開催する。また、SNSの活用により、本市内外からも広く意見を集め、これまで注目されてこなかったスポットなどの再発見などを行い、新たな観光資源を発掘する。これにより、これまで以上に観光資源を拡充すること

❶新型コロナウイルス 〜観光客数は大きく落ち込んだ
観光庁によると、2019年には3,188万人だった訪日外国人旅行者数は、2020年は412万人、2021年は25万人、2022年は383万人となっています。

❷アニメの舞台となった自治体
アニメなどの舞台となった自治体などを巡ることを聖地巡礼ともいいます。具体的には、北海道函館市の「ラブライブ！サンシャイン‼」や埼玉県秩父市の「あの日見た花の名前を僕達はまだ知らない。」などがあります。

❸ Ｖチューバー
2Dや3Dのキャラク
ターアバターを使った
YouTube 配信を行っ
ている人のこと。バー
チャル YouTuber の略
語としても使われてい
ます。

❹ シビックプライド
「シビックプライドと
は、『地域への誇りと愛
着』を表す言葉です。
自分たちの住むまちを
よりよいものに、そし
て誇れるものにしてい
こうという思いを指し
ています。『郷土愛』に
も似ていますが、少し
ニュアンスが違いま
す。郷土愛は、住民自
らが育った地域に対し
て愛着をもつことです
が、シビックプライド
は、まちを自分が責任
をもってよくしていこ
うという思いや、自分
自身が地域の構成員で
あると自覚し、さらに
まちをよい場所にして
いこうとする『意志』
が含まれます」（千葉県
鴨川市のホームページ
より）

ができる。

　第2に、ハード・ソフトの整備である。1回だけの訪問で
はなく、観光客にリピーターになってもらうには、「来てみ
てよかった」「また来たい」と思ってもらうことが重要とな
る。そのためには、市内のスムーズな移動や、観光ボラン
ティアによるツアーの拡充、わかりやすい観光案内板の設
置なども重要である。こうした取組みを行うためには、鉄
道やホテルなどの事業者、商店街、ボランティアなど、さ
まざまな関係者が集まり、ハード・ソフトの両面から検討
することが必要である。そうした検討のうえで、それぞれ
の役割分担を踏まえ、ハード・ソフトの整備をしていくこ
とが求められる。

　第3に、広報・PRの拡充である。効果的な観光施策を
展開するためには、広報・PRの拡充が必要である。この
ため、まず各種団体が作成している動画などを、本市の観
光チャンネルとして一本化し、視聴者が見やすく、選びや
すいように工夫をする。また、市のホームページなど関係
するサイトともリンクを張り、閲覧している者を誘導する。
また、動画での❸Ｖチューバーの活用や、ツイッターやイ
ンスタグラムなどの各種SNSを効果的に活用することや、
有名人を観光大使とすることも有効である。これにより、
市内外に広報・PRすることが可能となる。

3　まち全体で取り組む観光

　観光振興のためには、一部の者だけが行うのではなく、
まち全体で取り組むことが重要である。それは、第一義的
には観光客の増加が目的であるが、市民の❹シビックプライ
ドを高めるという側面もある。観光の振興が、市民が「わ
がまち」を見直すことにつながり、市民の市への愛着を深
めることになる。私は市職員として、本市の観光施策に全
力を尽くす所存である。

問題意識	論理力	表現力	意欲	文章力	総合評価
B	A	B	B	A	B

採点官から

もう少し具体的な解決策に言及してほしいところですが、新しいトピックも取り入れており、合格レベルに十分到達しています。観光については、今後も出題が予想されるテーマです。自治体は企業とは異なり、利益第一ではない点を踏まえて記述することが求められます。

File **18** 自殺対策
（1,300字）

論文作成のための "つっこみ"

SO WHAT?
（問題文の変換）

本市は、自殺対策にどのように取り組むべきなのか。あなたの考えを、具体的に述べなさい

WHY?
（問題文を否定する）

自殺対策を実施しないと？
● 今後も自殺者が増えてしまう
● 地域に閉塞感が漂い、さらに自殺者が増えてしまうという悪循環も想定される
● 人口減少にも拍車がかかる

WHY?
（論点を抽出する）

①悩んでいる人が相談しやすい環境の整備
②悩んでいる人を発見し、広報などを行う仕組みの構築
③市民全体への自殺防止に関する意識啓発

SO WHAT?
（意見をつくる）

①相談体制の充実
②若年層へのICT（情報通信技術）を活用したアウトリーチ策の強化
③自殺防止に関する啓発

自殺対策としては、自殺を考えている人とそれ以外の人を分けて考えるとわかりやすいでしょう。前者であれば相談機能を充実させることはもちろんですが、そうした人を早く見つけて、行政側からアプローチするアウトリーチ（積極的に対象者のいる場所に出向いて働きかけること）も必要となります。また、後者については、地域全体で自殺防止への意識を高めることが求められます。

（ 答 案 例 ）

1　年間❶自殺者数の現状

　2022年の自殺者数は2万1,881人と前年に比べて874人（4.2％）増加している。特に、小中高生の自殺者数は514人で、1980年の統計開始以降で初めて500人を超えた。また、若年層の死亡原因の1位が自殺となっており、先進国の中では、日本に見られる特徴とされている。

　❷自殺の要因としては、健康や学校の問題が指摘されている。健康では、うつ病や統合失調症などの職場の人間関係にかかるものが多い。また、学校ではいじめ問題が大きく関係しているといわれている。いずれにしても自殺を社会問題として考え、特に若年層への自殺対策が急務となっている。

2　さらなる本市の自殺対策

　これまでも本市では❸「自殺対策計画」を発表するなど自殺対策に取り組んできたが、さらに次のような取組みが求められる。

　第1に、相談体制の充実である。自殺を防ぐためには、気軽に相談できる体制が必須である、このため、SNSを活用した自殺相談の制度を構築する。LINEやチャットなどを用いて、年齢・性別を問わず24時間いつでも匿名で相談

Keyword & Point

❶自殺者数

毎年、厚生労働省と警察庁がともに自殺者数などの「自殺の状況」を公表しています。なお、厚生労働省が世界保健機関の統計（2018年9月）に基づき発表した資料によれば、先進国（G7）における自殺死亡率（人口10万人当たりの自殺者数）では、日本が最も高いとされています。なお、厚生労働省では「自殺対策白書」を毎年公表しています。

❷自殺の要因

「令和4年版自殺対策白書」の「令和3年の年齢階級及び原因・動機別にみた自殺者数と構成割合」によると、19歳以下では健康問題（31.7％）、学校問題（31.4％）の順に高くなっています。20〜

29歳および30〜39歳では、いずれも健康問題、経済・生活問題の順になっています。

❸「自殺対策計画」
2016年に自殺対策基本法が改正され、都道府県、市町村には自殺対策計画の策定が義務づけられています。

❹ゲートキーパー
「ゲートキーパー」とは、自殺の危険を示すサインに気づき、適切な対応（悩んでいる人に気づき、声をかけ、話を聞いて、必要な支援につなげ、見守る）を図ることができる人のことで、いわば「命の門番」とも位置づけられる人のことです（厚生労働省ホームページより抜粋）。ゲートキーパーになるには資格は不要ですが、ゲートキーパーを養成するための研修用テキストなどがあります。

❺自殺総合対策大綱
2022年、国は自殺総合対策大綱を閣議決定しました。これは、2006年に成立した自殺対策基本法に基づき、政府が推進すべき自殺対策の指針として定めたものです。ポイントとしては、「①子ども・若者の自殺対策の更なる推進・強化」「②女性に対する支援の強化」「③地域自殺対策の取組強化」「④新型コロナウイルス感染症拡大の影響を踏まえた対策の推進」など、総合的な自殺対策のさらなる推進・強化があります。

できるようにする。また、学校や職場へのカウンセラーの設置を推進する。悩みやサインを外に吐き出し、相談することができる場所をつくることで、メンタルヘルスを維持できる。

第2に、若年層へのICTを活用したアウトリーチ策の強化である。若年層は、自発的に相談することはあまりないとの指摘がある。一方で、インターネットやSNS上で自殺をほのめかしたり、自殺の手段等を検索したりする傾向もあるといわれている。このため、学校で配付されているパソコンやタブレット端末の活用等による自殺リスクの把握、またそれに伴うプッシュ型の支援情報の発信などが求められる。

第3に、自殺防止に関する啓発である。これまでもリーフレットや動画の作成、またパネル展などを実施してきた。今後は、学校や職場に外部講師を招いた講演会の実施などを行っていく。また、❹ゲートキーパーを増やすための取組みを行うことで、周囲の人の異変に気づける市民を増やすことも必要である。こうした取組みによって、地域全体に自殺対策の認識を高めることができる。

3　誰もが生き生きと暮らせるまちにするために

2022年、国は❺自殺総合対策大綱を閣議決定した。その基本理念は、「誰も自殺に追い込まれることのない社会の実現をめざす」としている。誰もが生き生きと暮らすことができるのは、市民共通の願いである。特に、将来を担う若年層の自殺を防止することは社会全体にとって大きな課題である。私は、市職員として自殺対策に全力で取り組んでいきたい。

問題意識	論理力	表現力	意欲	文章力	総合評価
A	A	B	B	A	A

採点官から

よく書けています。この論文では、若年層の自殺対策にフォーカスを当てていますが、それでももちろん構いません。基礎自治体である市区町村であれば、義務教育である小中学校の業務を所管しています。このため、いじめ問題などともかかわってきますので、より切実な問題であり、出題されてもおかしくないテーマです。なお、自殺については、全国の状況と、各自治体の状況の2つを押さえておきたいところです。

資料読取り型論文①
令和2年度国家一般職［大卒程度］
行政

（1,800字）

　わが国では、2040年頃には、いわゆる団塊ジュニア世代が高齢者となり、高齢者人口がピークを迎える一方、現役世代が急激に減少する。そこで、2018年10月に設置された「2040年を展望した社会保障・働き方改革本部」の取りまとめにおいて、「健康寿命延伸プラン」が作成され、2016年時点において男性では72.14年、女性では74.79年となっている健康寿命を、2040年までに男女ともに3年以上延伸し、75年以上にすることが目標として掲げられた。なお、健康寿命とは、平均寿命から寝たきりや認知症など介護状態の期間を差し引いた期間である。

　このような状況に関して、以下の図①、②、③を参考にしながら、次の⑴、⑵の問いに答えなさい。

⑴　わが国が健康寿命の延伸に取り組む必要性について、あなたの考えを述べなさい。

⑵　健康寿命の延伸を阻害する要因は何か、また、健康寿命を延伸するために国としてどのような取組みが必要となるか。あなたの考えを具体的に述べなさい。

図①　健康寿命と平均寿命の推移

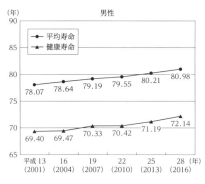

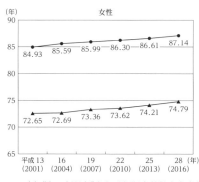

（出典）　内閣府「令和元年版高齢社会白書」

併せて示されている3点の図を活用して論文を書き進めることが重要です。なお、図②や図③のようなデータでは、最も率の高い部分に着目し、そこから何がいえるかを考えるとわかりやすくなります。

図② あなたは、何歳頃まで収入を伴う仕事をしたいですか（2014年）

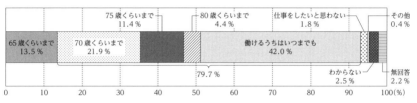

（注） 調査対象は，全国60歳以上の男女で現在仕事をしている者

（出典） 内閣府「令和元年版高齢社会白書」を基に作成

図③ 65歳以上の要介護者等の介護が必要となった主な原因（2016年）

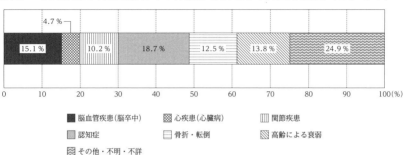

（出典） 内閣府「令和元年版高齢社会白書」を基に作成

論文作成のための "つっこみ"

1 SO WHAT?
（問題文の変換）

2040年頃には、高齢者人口が迎える一方で、現役世代は急激に減少する。このような状況の中で、なぜ健康寿命の延伸に取り組む必要があるのか。また、健康寿命延伸のために、何を行うべきか

2 WHY?
（問題文を否定する）

健康寿命が延伸しないと、健康寿命から平均寿命を差し引いた期間が長期間になる。すると？
- 寝たきりなどの介護期間が長くなる
- 介護や医療費などの負担が大きくなる
- 高齢者が長期にわたり不安を抱える

3 WHY?
（論点を抽出する）

- 図①では健康寿命と平均寿命の差が読み取れる
- 図②では60歳以上の男女の就労意欲が読み取れる
- 図③では要介護者等の介護理由が読み取れる

4 SO WHAT?
（意見をつくる）

①高齢者の就労環境の整備
②認知症予防対策と認知症に対する普及啓発
③高齢者の生きがいづくりに資する施策の充実

（答案例）

(1)

❶わが国が健康寿命の延伸に取り組む必要性は、次の2点である。

第1に、介護状態期間の縮減である。健康寿命から平均寿命を差し引いた期間は、人が寝たきりや認知症などの介護状態であり、心身ともに健康とはいえない期間である。図①にあるように、2016年時点では男性は8.84年、女性は12.35年となっている。この期間が長ければ長いほど、人は心配や不安を抱えてしまう。同時に、医療や介護などに要する社会保障費も増大し、財政に大きな影響を与えてしまう。

第2に、高い就労意欲への対応である。図②にあるように、60歳以上の男女のうち、「働けるうちはいつまでも」と答える割合は42.0％と最も高い。また「75歳くらいまで」「80歳くらいまで」の割合も加えると、6割近くが就労意欲の高いことがわかる。こうした就労意欲を実現するためには、健康寿命の延伸が必要であり、そのための環境整備を行うことが重要である。

以上のことから、健康寿命の延伸に取り組む必要がある。

(2)

❷健康寿命延伸の阻害要因と延伸のための取組みとして、次の3点が挙げられる。

第1に、高齢者の就労環境が十分でないことである。現在、定年退職した高齢者は、同一の勤務先で再雇用として勤務することが多い。他の企業への再就職や起業するケースは少なく、そのための環境整備も十分とはいえない。このため、高齢者はこれまでの経験やノウハウを十分に活かすことができず、就労に対する意欲も低くなってしまう。また、退職して家に引きこもってしまうことなども、高齢者の心身にとってマイナスの影響を与えてしまい、結果として健康寿命の延伸を阻害してしまっている。

❸以上のことから、高齢者が働きやすい環境の整備が必

Keyword & Point

**❶わが国が
健康寿命の延伸に
～次の2点である**

この部分は、問題文をそのまま引用することで、明確に問題文に対応して答えていることを示すことができます。

**❷健康寿命延伸の
～次の3点が
挙げられる**

問題文には、阻害要因と解決策が求められているので、それぞれを明確に示すことが必要です。このため、阻害要因→解決策の順番で書くとわかりやすくなります。

**❸以上のことから
～整備が必要である**

(2)の構成は、「リード文」「具体的解決策」「具体的解決策を実施することによって得られる効果」とするとわかりやすくなります。リード文は、具体的解決策をまとめた文にします。具体的解決策は、課題への具体的な解決策を提示する部分ですが、問(2)が「あなたの考えを具体的に述べなさい」となっているので、できるだけ詳しく記述することが求められます。「まず、○○を行う。また、△△を実施する。さらに、□□を行う。これにより、◇◇することができる」と文章をパターン化することができます。

Chapter
3

テーマ別合格論文例【評価＆コメント付き】

141

❹ジョブ型雇用
ジョブ型雇用とは、労働者に対して職務記述書（ジョブ・ディスクリプション）において職務内容を明確に定義して、雇用するものです。業務ごとの採用であり、一つの会社にとどまる必要がなくなるため、人材の流動性が高まることになります。一方で、これまでの日本の雇用は、メンバーシップ型雇用と呼ばれるものでした。これは、就職というよりも就社といった形で、終身雇用の考え方が根底にあります。

❺認知症サポーター養成講座
厚生労働省が推進する認知症サポーター等養成事業に基づいて養成されたキャラバン・メイトを講師に、「認知症に対する正しい知識と理解を持ち、地域で認知症の人やその家族に対してできる範囲で手助けする『認知症サポーター』を全国で養成し、認知症高齢者等にやさしい地域づくりに取り組んでいます。認知症サポーター養成講座は、地域住民、金融機関やスーパーマーケットの従業員、小、中、高等学校の生徒などさまざまな方に受講いただいています」（厚生労働省ホームページより）。

要である。まず、高齢者の能力を十分に活用できるよう、自治体とも連携し、ハローワークやシルバー人材センターの機能強化、起業支援を行う。具体的には、高齢者がその能力や経験を十分に活かすことがきるよう、企業とのマッチングや起業のための融資制度を充実する。また、❹ジョブ型雇用を促進させる。企業への働きかけやPRなどを行い、業務内容によって人材を柔軟に活用できるジョブ型雇用を社会に定着させていく。これにより、高齢者が働きやすい環境が整備できる。

　第2に、認知症への対策が十分とはいえない点である。図③によると、65歳以上の要介護者等の介護が必要となった主な原因の18.7％が認知症となっており、最も大きな割合を占めている。今後、高齢者人口がピークを迎える中で、認知症患者も増えていくことが見込まれている。また、周囲に認知症への理解がないと、症状を悪化させてしまうおそれがある。このように、認知症対策および社会全体での認知症への理解が促進しないと、健康寿命を延伸することは困難である。

　以上のことから、認知症予防対策と認知症に対する普及啓発を行う。認知症になりやすい人の傾向として、「外出が少ない」「一人暮らし」が指摘されている。これらは、いずれも他者とのかかわりが少ない。このため、町内会、老人クラブ、趣味サークルなど、さまざまな活動に参加しやすいように、自治体とも連携し、施設整備や活動補助など、ハード・ソフト両面にわたる施策を充実する。また、これまで実施している「❺認知症サポーター養成講座」を拡充するとともに、イベントや講演会の実施、動画の活用などにより、広く認知症に対する理解を浸透させていく。これにより、認知症対策を促進することができる。

　第3に、高齢者の生きがいづくりの視点が不足している点である。心身ともに健康であるためには、日々の生活に満足を感じ、生きがいを持つことが必要である。何の生きがいを感じることもなく、漫然と生活を送っているのでは、身体的に健康であっても、精神的には健康とはいえない。

まして、生活に不満を抱えていたり、将来に不安を感じていたりすればなおさらである。高齢者が生活に張りを感じて、毎日を送ることができる環境の整備が必要である。

　以上のことから、高齢者の生きがいづくりに資する施策を充実させる。まず、自治体とも連携して各種講座の充実を行うとともに、大学と連携して聴講制度の拡充や高齢者向け講座の開設など、生涯学習に関する支援を充実させる。また、ボランティアや地域活動に気軽に参加できるように、広く周知や広報を行う。さらに、これら生涯学習や地域活動などのコンテンツ動画をインターネットで公開し、高齢者が気軽に閲覧できるようにする。こうした取組みにより、高齢者の生きがいづくりを促進することができる

問題意識	論理力	表現力	意欲	文章力	総合評価
A	A	A	A	A	A

採点官から

問題文に的確に対応した論理的な文章になっており、解決策も具体的です。問題で示される図や表には何かしらのポイントがあります。これを見つけて論文に反映することが重要ですが、そのポイントは「率が最も高い」などわかりやすいことが多いので、あまりマニアックな点を指摘する必要はありません。また、この問題では高齢者が健康でいられるという視点も大事ですが、介護などの長期化は財政にも影響を与えること、また、現役世代が減少する中で、高齢者の就労も社会を支える役割があることも重要な視点となります。

資料読取り型論文②
令和2年度横浜市大学卒程度事務
（750字）

　次の2つの資料から、横浜において「住みたい」「住み続けたい」まちを実現していくために、あなたが重要と考える横浜市の課題およびその背景を簡潔に述べなさい。

　また、課題に対して横浜市が進めるべき具体的な取組みおよびその効果を述べなさい。

〈資料1〉地域別にみた横浜市の転入・転出者数（平成29年中）

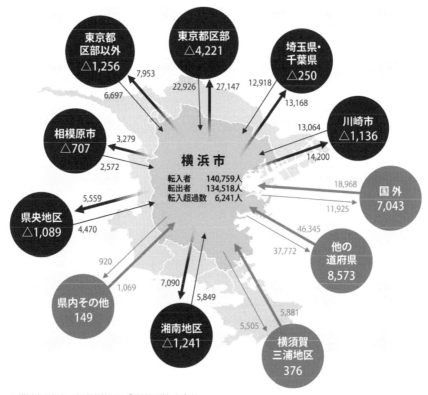

※横浜市の転入・転出者数には「地域不詳」を含む。

【「横浜市中期4か年計画2018～2021」より作成】

指定文字数が少ない場合は、3部構成にしなくても構いません。なお、文字数は少ないのですが、問題文にあるように、課題や背景、また具体的取組みとその効果に言する必要があるので、端的に答えることが重要です。

〈資料2〉満足している公共サービス（満足度）と今後、充実すべきだと思う公共サービス（要望）（いずれも複数回答可）

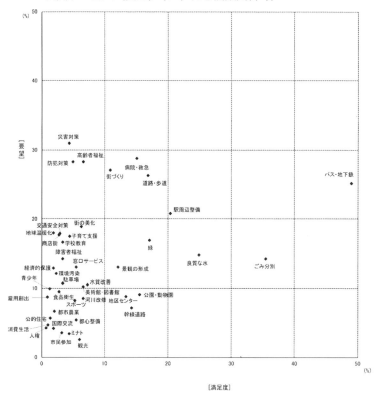

【参考1】調査の概要

・調査対象　横浜市内に居住する満18歳以上の男女個人
・標本数　　3,200標本
・回収分析標本数　2,052標本
・抽出方法　住民基本台帳をフレームとし、日本人は層化二段無作為抽出法、外国籍市民は単純無作為抽出法
・調査方法　郵送留置、訪問回収（調査票を郵送し、後日、調査員による個別訪問を行い、調査票を回収する）
・調査時期　令和元年5月24日～6月10日

【参考２】資料中の項目と調査における選択肢

項目	調査における選択肢	満足度	要望
バス・地下鉄	バス・地下鉄などの便	49.0	25.2
幹線道路	幹線道路や高速道路の整備	14.3	7.2
道路・歩道	通勤・通学・買い物道路や歩道の整備	16.9	26.3
交通安全対策	違法駐車の防止や交通安全対策	2.9	17.9
駐車場	駐車場の整備	3.4	10.7
駅周辺整備	最寄り駅周辺の整備	20.4	20.8
都心整備	都心部の整備や魅力づくり	5.5	5.4
景観の形成	街並みや景観の形成や保全	12.2	13.0
ミナト	港湾機能と市民が親しめるミナトづくり	4.4	3.4
観光	観光やコンベンション（国際会議やイベント）の振興	6.0	2.6
雇用創出	中小企業振興や雇用の創出	0.9	8.7
商店街	商店街の振興	2.8	17.7
都市農業	野菜栽培や市民農園などの都市農業の振興	2.0	6.7
公園・動物園	公園・動物園の整備	15.6	9.1
緑	緑の保全と緑化の推進	17.1	16.9
河川改修	河川改修と水辺環境の整備	6.6	8.5
水質改善	下水道施設整備による身近な川や海などの水質改善	7.3	10.5
良質な水	良質な水の確保や安定供給	24.9	14.8
環境汚染	環境汚染や騒音などへの対策	2.3	12.1
ごみ分別	ごみの分別収集、リサイクル	35.5	14.2
街の美化	ごみの不法投棄対策や街の美化	6.3	18.9
地球温暖化	地球温暖化への対策	1.9	18.0
災害対策	地震などの災害対策	4.4	31.0
防犯対策	防犯対策	5.0	28.3
食品衛生	食品衛生・環境衛生の監視・指導	2.8	9.5
消費生活	訪問販売などに関する消費生活相談	1.0	4.7
子育て支援	保育など子育て支援や保護を要する児童への援助	4.5	17.5
学校教育	学校教育の充実	3.4	16.6
青少年	青少年の健全育成	1.3	9.9
病院・救急	病院や救急医療など地域医療	15.1	28.8
街づくり	高齢者や障害者が移動しやすい街づくり（駅舎へのエレベーター設置など）	10.9	27.1
高齢者福祉	高齢者福祉	6.6	28.3
障害者福祉	障害者福祉	3.4	14.2
経済的保護	経済的に困っている人の保護や支援	1.9	12.9
公的住宅	公的住宅の整備や住宅取得への融資	1.4	5.7
地区センター	地区センターやコミュニティハウスなどの整備や生涯学習・市民活動の振興	13.4	8.8
美術館・図書館	美術館・図書館・区民文化センターなどの整備や市民文化の振興	6.6	10.2
スポーツ	スポーツ・レクリエーションの振興や施設の整備	5.3	8.2
国際交流	国際交流・協力の推進	1.9	4.2
市民参加	広報や広聴、市民相談、情報公開など市民参加の推進	3.2	3.6
人権	男女共同参画社会の推進、人権問題への対応	0.7	4.3
窓口サービス	身近な住民窓口サービス	5.5	13.0

【「令和元年度横浜市民意識調査」より作成】

論文作成のための "つっこみ"

1 SO WHAT?
（問題文の変換）

横浜を「住みたい」「住み続けたい」まちにするためには、どうしたらよいか。あなたの考えを述べなさい

2 WHY?
（するとどうなる）

横浜市の現状および課題を放置しておくと？
- 資料１からは、東京都への転出が５千人を超えていることがわかる
- 資料２からは、住民の要望が高いものの、満足度が低いサービスが存在することがわかる
- このままでは、横浜が「住みたい」「住み続けたい」まちにならない

3 WHY?
（論点を抽出する）

①防災対策の充実
②防犯対策の充実
③高齢者福祉の充実

4 SO WHAT?
（意見をつくる）

①防災訓練へのサポート
②防犯マップの作成支援
③民間スポーツクラブと連携した介護予防

（ 答 案 例 ）

Keyword & Point

**❶年間の東京都への
転出者数が
５千人を超え**

資料１から読み取れる
こととしては、やはり
東京都（区部・区部以
外）への転出者数が多
いことが挙げられます。
ただし、全体としては
転入超過の状況ですの
で、横浜は「住みたい」
まちになっていると
いえます。

**❷災害対策、防犯対策、
高齢者福祉の３点**

市民の要望が高いもの
の満足度が低い公共
サービスとして、これ
らの３点があることは
すぐにわかると思いま
す。資料１と併せて考
えると、「災害対策、防
犯対策、高齢者福祉が
充実していないので、
東京都へ転出してしま
う市民がいる」という
可能性が見えてきます。

❸防犯マップ

防犯マップの統一され
た定義はありません。
一般的には、過去に発
生した犯罪件数や交通
事故件数などを、地図
上に色分けして表示し
た地図、もしくは不審
者目撃情報や地域での
犯罪発生状況などが表
示された地図です。通
学路付近について、児
童生徒・PTA・自治体
職員が一緒になって防
犯マップを作成するこ
とがあります。

横浜において「住みたい」「住み続けたい」まちを実現し
ていくための横浜市の課題およびその背景は、資料から次
の点が指摘できる。

資料１から、❶年間の東京都への転出者数が５千人を超
え、地域別で最も多いことである。これは、横浜市よりも
東京都が「選ばれるまち」となっていることが指摘できる。
また、資料２から、横浜市において、市民の要望が高いも
のの、満足度が低い公共サービスとして、❷災害対策、防
犯対策、高齢者福祉の３点がある。このことから、東京都
への転出を減少させるためには、先の３点のサービスを充
実させる必要があり、今後、横浜市が進めるべき具体的な
取組みおよびその効果は次の３点である。

第１に、さまざまな地域団体が実施する防災訓練へのサ
ポートである。現在、市では地域防災拠点運営研修を実施
しているが、今後はマンションやPTA単位など、地域の
さまざまなグループでの防災訓練への支援を行っていく。
具体的には、グループで防災訓練を実施する際の資機材や
啓発品の提供、職員の派遣を行う。これにより、各地域で
共助体制を強化することができる。

第２に、❸防犯マップの作成支援である。地域の防犯体
制を強化するためには、住民が主体となって防犯意識を高
めていくことが必要である。このため、各学校で児童生徒・
保護者・地域住民による防犯マップの作成を支援する。具
体的には、作成に必要な情報の提供や専門家の派遣を行う。
これにより、防犯対策を強化することができる。

第３に、民間スポーツクラブと連携した❹介護予防であ
る。今後ますます高齢化が進行する中で、健康寿命の延伸
は喫緊の課題である。このため、民間スポーツクラブが実
施する介護予防体操などに高齢者が参加しやすいよう、市
が補助を行い、安価で高齢者が参加できるようにする。こ
れにより、高齢者福祉を充実することができる。

今後も横浜市が市民にとって「住みたい」「住み続けたい」

まちとなるよう、私は市職員として全力を尽くす所存である。

❹介護予防

介護予防とは「要介護状態の発生をできる限り防ぐ（遅らせる）こと、そして要介護状態にあってもその悪化をできる限り防ぐこと、さらには軽減をめざすこと」と定義されています。公園に健康遊具を設置したり、ウォークラリーのようなイベントを開催したりすることなども介護予防の一つです。

問題意識	論理力	表現力	意欲	文章力	総合評価
A	A	B	A	A	A

採点官から

よく書けており、合格論文になっています。今回の問題のように、資料を解釈して、そこから課題を見つける問題の場合、一番目立つ部分に着目しましょう。そして、各資料の課題を見つけたうえで、それらをつなぎ合わせて「何がいえるか」を考えると、論文で書くべき内容が見えてきます。こうした形式の問題の場合、資料の解釈は複数あり、その解決策もいろいろと考えられるため、正解はひとつではありません。しかし、資料の目立たない部分を取り上げてしまうと、出題者の意図と違ってしまうので、注意が必要です。

教えて！ 春日先生

最高の論文

●

（受験生）これまでのベスト・オブ・ベスト、春日先生が今までに採点した論文の中で「これ最高！」と思った論文はどんなものですか。

（春日文生）テーマに答えるだけでなく、自己アピールもした論文かなあ。

どんな内容の論文でした？

「住民が求める公務員像」がテーマの論文だった。この系統のテーマの場合、「公務員は○○すべき」をベースに展開するのが定番なんだけど。

ボクもそう書くと思います。

でも、その受験生は第三者的に表現するのでなく、自分の経験に基づいて書いていたんだ。

自分の経験？　公務員になったことがないのに、どういう経験に基づいたんですか。

大学サークルのイベント告知のために SNS を活用した経験があって、アピール文面の内容や表現、発信する日時や回数などにとても気を遣ったらしい。その経験をもとに、公務員は一人ひとりが広報パーソンであることの必要性を述べた内容だった。

なるほど！　それは説得力がありますね。

そう。だから、「理想論」を述べるだけでなく、地に足のついた内容になっていたし、うまく自己アピールにもなっていた論文だったんだ。もちろん、すべてのテーマでそうしたことができるわけではないけどね。とても印象に残る論文だったなあ。

ほほう。

ピンチを切り抜ける窮余の8策

Chapter

4

公務員試験における論文は、ほとんどの場合、試験当日に出題テーマが提示されます。当日に初めて見たのがまったく予想外のテーマだったら、緊張で頭の中が真っ白になって、どう書いてよいのかがわからなくなったら……。「詰んだ」「人生オワタ」と消沈する前に、これから紹介する窮余の8策を試してください。あきらめず、何としてでも論文完成をめざしましょう、試験終了のベルが鳴るそのときまで。

問題文を
いったん否定する

出題テーマが理想や「あるべき姿」を問う内容なら

問題文をいったん否定し、問題点を列挙する

問題点に対するアイデア（解決策）を考える

アイデアから3つの視点を選び、論文に書くべき解決策を絞り込む

理想を問う出題テーマなら、問題文をいったん否定しよう

たとえば、「子育てしやすい環境を整備するためにはどうしたらよいか」「あなたがめざす理想の公務員像はどのようなものか」など、**あるべき姿を問う「理想型」の出題テーマについては、問題文を否定して考えると、論文を書くためのアイデアが生まれてきます**。

前者であれば、「子育てしにくい環境」を考えればよいのです。具体的には、

①働いているときに子ども預けることができない
②子どもを遊ばせる場所がない
③犯罪が多発しており、子ども一人で外に出すことが不安
④子育てに関する悩みについて相談できない
⑤子育てにはお金がかかる

など、いろいろと考えが浮かんでくるはずです。

さまざまなアイデアをバランスよく3つにまとめよう

こうした**アイデアの中から3つの視点を選び、論文に書くべき解決策とします**。先の問題点に対する解決策を考えると、

①保育所の整備
②公園や広場の整備
③防犯パトロールの強化
④子育て相談の充実
⑤子育て世帯に対する経済的給付

などが考えられるでしょう。

この中で、③については「子育てしやすい環境の整備」という視点で考えると、少しテーマから遠い印象を受けます。また、⑤については、自治体の財政負担が重くなります。このため、「①②④の視点から3つにまとめよう」と考えるわけです。そうすると、①と②はハード（施設）事業、④はソフト（非施設）事業となり、バランスもよくなります。

こうした発想は、「理想の公務員像」でも同様です。「理想でない公務員像」を考えて、アイデアをつくるのです。「公金横領などの不法行為に手を染める」「住民の意見を聞かない」「前例踏襲ばかりで業務改善をしない」「周囲の職員と連携しない」など、やはりいろいろと考えられます。

ただし、この方法は理想を問う出題テーマに対して有効なので、「少子高齢化対策への対応」などには対応できません。注意してください。

Plan 2

「…すると、どうなる?」と 考える

出題テーマが「未来型」の場合

「…すると、どうなる?」と考える

浮かんだいくつかのアイデアが本当に適切か検証する

OKと判断できたアイデアを解決策とする

「風が吹けば桶屋がもうかる」式発想はピンチを救う

　試験当日、「人口減少対策として本市は何を行うべきか」のような出題テーマで悩んでしまうこともあるでしょう。ほかにも、「高齢化」「少子化」「温暖化対策」「DX推進」などが考えられます。これらはいずれも、**将来に現在の状況とは大きく変化することが見込まれる「未来型」の出題テーマ**といってよいでしょう。こうした場合、「…すると、どうなる？」で考えると、アイデアが生まれてきます。

　試しに、「『人口減少』すると、どうなる？」を考えてみると、

> 生産年齢人口が減少する→労働力が減少する→少ない労働力で生産力を高めることが必要→ロボットやAIの活用による省力化・省人化の取組みが必要

などと問題点と解決策が浮かんでくるはずです。また、

> 住民どうしの交流が減少する→地域コミュニティが衰退→地域を活性化する取組みが必要

や、

> 生産年齢人口が減少する→税収の減少→行政サービスの見直しが必要

などもあるでしょう。これは、「風が吹けば桶屋がもうかる」式の発想です。

そのアイデアが本当に適切なのか検証しよう

　ただし、それが適切な内容なのかを検証する必要があります。たとえば、

> 学校の統廃合が進む→教員が失業するおそれがある→教員の再就職先の確保

という考え方もできます。しかし、「人口減少」の解決策が「教員の再就職先の確保」では、採点官も首をかしげてしまうでしょう。これは、もともとのテーマに対して、解決策がマニアックな内容となってしまう例です。同様に、

> 各市町村の人口も減少する→各自治体が独自に運営していくのは非効率→〇〇市は早期に他市と合併すべきだ

もアイデアとしては考えられます。しかし、受験先である市に対して、「今後、人口減少が加速するので、早く他市と合併すべきです」と受験生が論文に書いていたら、やはり採点官は受験生の見識を疑ってしまうでしょう。

　ほかに、「人口を増やすために一夫多妻制にすべき」なども考えられますが、現実的ではありません。ただ、外国人労働者の受入れ拡大などは実際に行っていますので、何が適切なのかは個別に判断する必要があります。

Plan 3 特定の視点で考える

あらかじめ論文に書くべき視点を決めておく

汎用性が高い「特定視点」の例

①ハード・ソフト・自治体職員
②制度・組織・自治体職員
③短期的課題・中期的課題・長期的課題
④住民視点・職員視点・その他（企業、他市、議員など）視点

論文に書くべき視点をあらかじめ決めておこう

　試験当日に出題テーマを見て困った場合の対応の一つに「特定視点」があります。これは、どのような出題テーマであっても、あらかじめ論文に書くべき視点を決めておくというものです。

　たとえば、①ハード・ソフト・自治体職員の視点があります。

本市の課題を1つ取り上げ、それに対してどのような対応を行うべきか、あなたの考えを述べなさい

のような出題テーマがあったとします。仮に「観光の推進」を課題とした場合、観光についてこの視点で考えるのです。ハードであれば観光案内所や案内板の整備、ソフトであれば観光ガイドの養成やSNS活用による広報の充実があります。自治体職員の意識としては、職員一人ひとりが「広報パーソン」としての意識を持つことや他市や関係機関との連携などがあります。自治体職員の視点は、住民対象のハード・ソフトの事業とは、異なった視点になります。

　②制度・組織・自治体職員の視点もあります。出題テーマが

住民の行政参加を促進するためには、どうすればよいか

の場合、まず、どのような制度・仕組みをつくればよいかを考えます。具体的には、各種会議における公募委員の募集、パブリックコメント、住民が事業提案できる制度の構築などがあります。組織としては、ワークショップの設置・開催、住民モニターなどがあります。また、自治体職員の視点としては、自治体職員が積極的に地域に出向いて市民の意見を聞くことや、住民意見を事業に反映させるための行政評価制度の構築などが考えられます。

トレーニングを通じて自分なりの視点を持つのが大事

　上記以外にも、短期的課題・中期的課題・長期的課題や住民視点・職員視点・その他（企業、他市、議員など）の視点などもあります。3つの視点は、論文の学習をする中で、感覚が養われていきます。論文をいくつも書いていくうちに、どのような視点なら書きやすいかが身についていくのです。こうした視点を持っていれば、「何もアイデアが浮かばない」ということはなくなります。

　視点とは、簡単にいえば「どの方向・切り口から、出題テーマについて考えるか」ということです。その方向や切り口が曖昧だと、重複してしまったり、似通った内容になってしまったりするので、注意が必要です。

Plan 4 出題テーマに 準備論文を近づける

出題テーマに準備論文を近づけるとは

試験前に合格レベルの論文（準備論文）をたくさん書き上げていて

準備論文のテーマがそのまま出題されれば大成功！

だが、現実にはそうしたことは少ない

そこで、試験当日のテーマと準備論文の微調整をする

出題テーマ

『安全安心のまちづくり』に電車の論文を近づける！

え、大丈夫？

試験当日の出題テーマに近い準備論文を活用しよう

　試験前に合格レベルの論文ができたとします。その論文と準備論文のテーマが類似していれば、それをうまくつなぎ合わせるということも可能で、それが「微調整」と呼ばれる対応です。

　たとえば、当日のテーマが

　　住民に信頼される行政運営

で、準備論文のテーマが

　　住民との協働

だったとします。どちらも住民を対象としたテーマで、同一ではありませんが類似しており、何とか準備論文を活用したいところです。こうした場合、

　　住民に信頼される行政運営を行うためには、住民との協働が重要である

と論文の序章で述べてしまうのです。そうすると、本論（４部構成であれば問題点・解決策）で、準備してきた協働の内容をそのまま書くことができます。

与えられたテーマに答えていますアピールが大事

「それでは、与えられたテーマに答えていないのでは？」と心配になる受験生もいるかもしれません。確かに「住民に信頼される行政運営」としては、効率的・効果的な業務遂行、的確な住民ニーズの把握とその反映、公務員倫理の遵守などもあるでしょう。しかし、「住民との協働」も「住民に信頼される行政運営」には欠かせない、重要な一つの要素のはずです。このため、「住民との協働」も間違いではありません。「住民に信頼される行政運営」に必要なことが数多くある中で、その一つを深く掘り下げていったと考えればよいでしょう。

　ただし、注意点があります。出題テーマはあくまで「住民に信頼される行政運営」なので、序章や終章ではこのフレーズを使用して、採点官に「テーマから外れておらず、きちんと答えている」ということをアピールする必要があります。そうしたことをせず、冒頭から協働について書いてしまうと、「テーマに答えていないのでは」と思われてしまうので、注意が必要です。

「どのように書けば、テーマに答えていると認めてもらえるか」は非常に難しいところです。受験生としては、準備論文とさまざまなテーマをいかに結び付けるのかを考えるだけでも、論文の勉強になります。

出題テーマを準備論文に引き込む

出題テーマを準備論文に結び付ける方法

● 当日のテーマ「安全安心のまちづくり」、準備論文のテーマ「住民との協働」
● 「安全安心のまちづくりを実現するためには、住民との協働が重要だ」と微調整する

ただし、完全に一致しているとはいえない

そこで引き込みを用いて

● 準備論文の本論（解決策）の内容を「安全安心のまちづくり」の視点に修正する
● 序章・本論・終章すべてでテーマのフレーズを用いて関連性を強くアピールする

本論の内容を出題テーマに合わせて修正するテクニック

　少し強引に、出題テーマを準備論文に結び付けるという方法もあります。いわゆる「引き込み」と呼ばれる方法です。

　たとえば、当日のテーマが

安全安心のまちづくり

であり、事前準備していた内容が

住民との協働

だったとします。この場合、Plan 4の微調整のように「安全安心のまちづくりを実現するためには、住民との協働が重要だ」と序章で述べることも可能です。

　しかし、完全に両者が一致しているかというと、少し違和感があります。

　そこで微調整と同様に序章・終章で言及するのは当然ですが、大事なことは本論（4部構成であれば問題点・解決策）での言及です。事前準備した解決策の内容が、

①的確な住民ニーズの把握
②住民との円滑なコミュニケーションの構築
③住民ニーズの事業への反映

とした場合、「安全安心のまちづくり」の視点に修正していく必要があります。

　具体的には、的確な住民ニーズの把握であれば、「住民意識調査」による防災意識の把握、地域の自主防災組織のリーダーからの意見聴取などについて言及することが求められます。この部分で、単に窓口での意見把握、住民からのメールやはがきでのニーズ把握では、一般的な内容になってしまいます。「安全安心のまちづくり」との関連が薄くなってしまうのです。

　本論の内容が「安全安心のまちづくり」に深く関連した内容ではなく、広く行政一般にかかわる内容だとすると、「この本論は、テーマに答えていないのでは」と採点官は考えてしまいます。

与えられたテーマに答えていることを強くアピールしよう

　ここでも、採点官に「あくまでテーマに答えている」ということをアピールしなくてはなりません。特に「引き込み」は少々強引であるために、序章・本論・終章すべてでテーマのフレーズを用いるなどしてアピールすることが求められます。

行政課題の解決策を決め打ちする

行政課題を問う出題テーマは難易度が高い

- 行政課題はテーマによって解決策が異なる
- 解決策を一つ一つ覚えるのは困難
- 試験当日に解決策が全然思いつかないこともある

行政課題で使えるオールマイティの解決策

①事業の整理統合
②組織の再編
③住民や自治体職員の意識の向上

テーマによって解決策が異なる行政課題は難題

Chapter 1で述べたように、出題テーマは、「①受験生個人や公務員像に関するもの」「②行政課題を問うもの」「③①と②を複合したもの」の3種類に区別できます。このうち、②で悩む受験生は多いでしょう。なぜなら、テーマによって解決策が異なるので、それらを一つ一つ覚えなくてはいけないからです。

防災対策であれば「自助・共助・公助の視点」になりますし、少子化対策であれば「結婚支援・出産支援・子育て支援」、高齢化対策であれば「高齢者雇用・健康寿命の延伸・認知症対策」などとなります。このように、テーマに合わせて一つ一つ解決策を覚えなくてはなりません。

受験生によっては、試験当日にテーマを見て、「まったく解決策が思いつかない！」という人もいるかもしれません。そのような人のために、**行政課題であれば、「これを使えばよい」という内容をお伝えしたい**と思います。

解決のカギは「事業の整理統合・組織の再編・意識向上」

第1に、**事業の整理統合**です。行政課題に対して、これまで自治体が何も対応をしてこなかったということは、まずありません。すでに既存事業として何かしらの対応を行ってきたはずです。しかし、それらが現在でも的確に住民ニーズに対応しているとは限りません（だから、出題されているともいえます）。このため、住民ニーズをきちんと把握したうえで事業の整理統合を行うことが求められます。これが解決策になります。

第2に、**組織の再編**です。皆さんご存知のとおり、行政組織は縦割りです。これは、特定の分野について狭く深く追究するという点ではよいのですが、他の分野との連携という面には対応しにくいのです。たとえば、教育、福祉、子育てなどの複数の分野にまたがるヤングケアラー問題などの対応は、役所は苦手です。このため、従来の縦割り組織を見直して組織を再編することが考えられます。または、組織横断的にプロジェクトチームや連携会議のような組織体をつくって対応するという方法も解決策になります。

第3に、**住民や自治体職員の意識の向上**です。どのような行政課題であれ、住民や自治体職員の意識が低いままでは困ります。防災、少子化、高齢化、ヤングケアラーなど、いかなる行政課題も住民や自治体職員の問題意識が低いままでは、解決につながりません。このため、住民への広報や自治体職員への研修などを行い、意識を向上させることを解決策とするのです。

論文が書き上がらない！
残された時間内にすべき
2つのこと

時間内に論文を書き上げることが大前提だが

しかし、どうしても時間がなくなってしまったときは

最低限、指定された文字数の半分以上は必ず書く。いきなり本論から書き始める方法もある

指定された文字数の半分以上を書くことをめざそう

　当然のことながら、時間内に論文を書き上げることが大前提です。そのために、Chapter 2 の Method 13 で述べたように、「①論文の構成（レジュメ）を考える（○分）、②論文を書く（○分）、③論文を見直す（○分）」と、時間配分を明確にしておくことが大事なのです。しかし、当初の予定よりも時間がかかってしまうということはあるものです。気がついたら、残り時間わずかという事態もあるかもしれません。そのような緊急事態のための対応について述べておきたいと思います。

　まず、指定された文字数の半分以上を書くことをめざしてください。**指定文字数の半分未満では、そもそも採点されない可能性が高くなります**。そうすると、その時点で論文試験の点数は０点になり、合格は極めて難しくなってしまうでしょう。

本論を最優先し、出題テーマの解決策を書くことに専念しよう

　次に、論文の中で最も重要な部分である、出題テーマに対する解決策を書くことに専念してください。論文では、序章と終章も重要なのですが、時間がない場合はそのようなことをいっていられません。論文で最も大事なことは「与えられた出題テーマに、いかに答えたか」です。

　いくら序章と終章に立派なことを書いても、重要な本論部分がスカスカの内容では、低評価になってしまいます。このため、解決策を優先するのです。もし本当に時間がなくなってしまった場合は、**序章を書かずに、いきなり本論から書き始めるというのも一つの方法**です。

　ちなみに、このように時間がない場合、文字数が少ない中でも最後まで書き上げたほうがよいのか、それとも途中で終わることを覚悟のうえできちんと詳しく書いたほうがよいのかということが気になるかもしれません。

　これについては、どちらがよいとは断定できません。前者の場合、最後まで書き上げていたとしても、「これだけの内容で、一つの論文なの？」と採点官は思ってしまうかもしれません。それであるならば、後者の途中まででも詳しく書いていたほうが「時間があれば、きっとよい論文になっただろう」と判断されるでしょう。しかし、前者は短いながらもいくつかの解決策を提示しているので、視野の広さなどを採点官に示すことができます。以上のようなことから、どちらがよいとは一概にはいえません。

出題テーマの意味がわからない！ピンチを救う最後の一手

出題テーマ例：住民との協働

「協働」の意味がよくわからない……

「協働＝協力して、働く」と類推し、住民と「協力して、働く」場面を想像する

「協働＝協力して、働く」と類推し、住民と「協力して、働く」場面を想像する

住民に活動に参加してもらうためには、どうすればよいか

資機材の提供などの経済的援助や啓発活動など、住民が参加しやすい仕掛けをつくる

常住人口
協働
争議行為
ソーシャルキャピタル
DID
公有財産
ボウモル
スーパーシティ

？
ナニコレ？
？

ひととおり行政用語を勉強しておくといいかもね！

「出題テーマの意味がよくわからない」状態に陥ったら

　試験当日、出題テーマを見て「意味がよくわからない」ということがあります。たとえば、テーマ「住民との協働」の「協働とは、具体的にどういうことをいうのかがピンとこない」という受験生もいるかもしれません（もちろん、知識がある場合は、その知識を活用すればよいのです）。

　こうした場合、試験当日に「協働とは何か」を判断しなければなりません。「住民との協働」ということなので、「住民と協力して、働く」ということは何となくイメージできそうです。

　では、次に「住民と協力して、働く」という具体的な場面を想像してみます。朝の通学の途中、駅や道路で住民がウインドブレーカーなどを着て清掃活動をしている姿を見たことがある人も多いでしょう。これはまちの美化活動ですが、住民がボランティアで活動してくれているわけです。もちろん、住民は強制されているわけではないのですが、このような活動をしてもらうためには何が必要でしょうか。

　一例を挙げれば、活動に必要なほうきやごみ箱などの道具を自治体が準備するということが考えられます。また、こうしたまちの美化活動の重要性を住民に認識してもらうことも重要でしょう。そうすると、自治体としては、資機材の提供などの経済的援助や啓発活動など、住民が参加しやすい仕掛けづくりが重要だということになります。つまり、それらが「住民との協働」には必要だということです。

あきらめるな！　テーマ解読で論文を書けることがある

　このように考えていくと、「協働」の本来の意味がわからなくても、何とか論文を書き上げることが可能となります。出題テーマの意味がよくわからない場合は、テーマを解読する作業によって、論文を書けることがあります（ちなみに、協働とは「異なる立場の者が、同じ目標を共有し、ともに力を合わせて活動すること」です）。

　もちろん、「リカレント教育」や「SDGs」のように、用語の意味がわからなければ、お手上げになってしまい、論文を書くことさえできないでしょう。しかし、「聞いたことはあるけど、正確な意味がわからない」「何となくイメージできるけど、詳しくは知らない」などのケースでは、このように出題テーマを解読することで、何とか論文に仕上げることが可能となるのです。

教えて！ 春日先生

テーマと違う論文

●

（受験生）出題テーマには微妙に合ってない内容だけど、つい「うまいな！」と思ってしまった論文ってありますか？

（春日文生）あるよ。もちろんテーマに対してきちんと答えていなければ、論文としては低い評価になってしまう。しかし、テーマをうまく変換すれば高得点にできる方法はあるよ。

ええっ！　そんな魔法のような方法があるんですか！

たとえば、「効率的な行財政運営」というテーマが出題されたとするよね。「効率的」の概念は広いけれども、それを網羅的に論じることは極めて難しいだろう。そこで、自分が準備してきた「DX化」に限定して、論文を書き進めてしまうんだ。

行財政運営、苦手な分野だ……。ワタシなら書きあぐねて、手が止まってしまうテーマだわ。具体的にどういうふうに展開すればいいんですか。

たとえば、論文の冒頭で「効率的な行財政運営で、特に重要なものはDX化である」のように断定してしまうんだ。もちろん、その理由も書かなくてはならないけれど、そうすることで、その後はDX化について論じることができる。

なるほど！　それはうまい手ですね！

準備してきた論文テーマとは異なるからといって、全面降伏してしまうのはあまりにももったいなさすぎるよ。だって、択一式試験対策だって時間と労力をかけてやってきたわけだろ。このように、当日出題されたテーマをどのように料理するかも大事な視点なんだよ。

レッツ・クック！

ざっくり解説＆さらに深掘り！論文試験に出る12のテーマ

今年の論文試験で出題されそうな12のテーマを厳選して紹介します。いずれも全国どの自治体も直面しているホットな行政課題です。ネットやテレビ、会話、新聞や雑誌などで聞いた、見た記憶はあるけど詳細を知らない話題なら、解説でアウトラインをざっくりつかみ、行政や自治体の課題になっている背景を把握して、さらに深掘りしてみましょう。行政課題への対応能力、論文のクオリティもぐっと向上すること間違いなしです！

DX

テーマをざっくりいうと

Digital Transformation（デジタル・トランスフォーメーション）の略。進化した IT 技術を浸透させることで、人々の生活をよりよいものへと変革させること
※ p.115 参照

自治体における DX 推進の意義は

- 自らが担う行政サービスについて、デジタル技術やデータを活用して、住民の利便性を向上させる
- デジタル技術や AI 等の活用により業務効率化を図り、人的資源を行政サービスのさらなる向上につなげていく

※「自治体デジタル・トランスフォーメーション（DX）推進計画【第 2.0 版】」より

ポイント

自治体の対応	
住民サービスの向上	マイナンバー活用等による行政手続のオンライン化など
効率的な行財政運営	AI・RPA の利用、テレワークの推進など ※ AI・RPA については Chapter 3 を参照
職員の育成	情報セキュリティの徹底、外部人材の活用など

テーマに関連する用語・トピック	
自治体の AI 活用例	「自治体における AI 活用・導入ガイドブック」（総務省 令和4年6月）には、「主な AI 導入分野における具体的な業務例」として、次のようなものが挙げられている。 業務例：AI を活用した総合案内サービス、ごみ出しに関する自動電話音声対応、保育所入所選考の自動化、職員業務実態の分析・可視化、AI によるケアプラン作成、IoT 機器と連携した高齢者見守り支援、庁内会議における議事録作成、AI-OCR による行政文書の読取・データ化、観光窓口への質問に対する自動応答、観光案内多言語 AI コンシェルジュの導入など
自治体の RPA 活用例	「自治体における RPA 導入ガイドブック」（総務省 令和3年1月）には、「令和元年度 RPA 導入補助事業による RPA 導入業務」として、次のようなものが挙げられている。 例：障害福祉サービス等（申請書の入力、支給量・上限額等の管理）、要介護認定（要介護認定申請書の入力、調査員及び主治医への割り当て、依頼）、就学援助（就学援助費受給申請書の入力、課税状況等の調査）、予算編成（査定結果の入力、整合性確認）、公会計システムへの入力、勤怠管理（時間外勤務時間の集約・集計、休暇取得日数の集約・集計、正規職員以外の勤務実績集約・集計）、福利厚生管理（健診結果の入力）、人事（人事評価シートのとりまとめ、発令通知等の作成）、給与（給与計算、社会保険料の支払い、戻入処理）など

リカレント教育
（学び直し）

過去の出題例
●京都府：令和3年度

テーマをざっくりいうと

社会人になってからも、学校などの教育機関に戻り学習し、再び社会へ出ていくことを生涯にわたり続けることができる教育システムのこと。働くための学び

※ p.123 参照

なぜリカレント教育が必要なのか

①人生100年時代を迎え、学び続けることが重要
②急速なデジタル化の進行により、必要とされる職業・能力等が変化
③ジョブ型雇用の定着など、働き方の変化

ポイント

自治体の対応	
学習機会の提供の充実	自治体実施の講座の拡充、図書館の充実（電子図書、DVD、オーディオブックなど）、民間事業者との連携など
情報提供の仕組みの充実	リカレント教育に関する情報の集約（まとめサイトの作成など）、SNSや広報誌を活用した周知の徹底など
住民に対する意識啓発	市のホームページ、SNS、動画サイト、CATV、広報誌などを通じたリカレント教育の重要性の周知など

テーマに関連する用語・トピック	
生涯学習	人々が生涯に行うあらゆる学習の場や機会において行う学習。趣味、生きがいが含まれる
リスキリング	企業が、従業員に新たな仕事のスキルや知識を習得させるために実施するもの
教育訓練給付制度	働く人の主体的な能力開発の取組み、または中長期的なキャリア形成を支援し、雇用の安定と再就職の促進を図ることを目的として、厚生労働省から教育訓練受講費用の一部が支給される制度
マナパス	社会人の大学等での学びを応援するサイト（https://manapass.jp/）
職場における学び・学び直し促進ガイドライン	職場における人材開発（「人への投資」）の抜本的強化を図ることを目的に、企業労使が取り組むべき事項等を体系的に示すため、令和4年6月に厚生労働省が作成した。変化の時代における労働者の「自律的・主体的かつ継続的な学び・学び直し」の重要性と、学び・学び直しにおける「労使の協働」の必要性を強調している。「I　基本的な考え方」「II　労使が取り組むべき事項」「III　公的な支援策」の3部で構成されている
RE:STUDY！IT学び直し就職支援in北九州（北九州市主催）	社会人を対象とし、IT業界のトレンドや新たなスキルを学び、市内IT企業へ再就職を行うリカレント教育カリキュラム。6か月の学び直しプログラムでITの基本技術を身に着け、独立行政法人情報処理推進機構が定めるITSS標準に定められるLv.1以上のスキルの習得をめざし、キャリアコンサルティングなどのサポートにより、北九州市での就職までをサポートする。北九州市では、平成26年度からIT企業の誘致に力を入れており、IT企業から求められるスキルの高い中途IT人材の育成・採用支援事業の一環としてスタートさせた

子育て支援

過去の出題例
● 広島県：令和元年度
● 名古屋市：令和 2 年度
● 神戸市：令和 4 年度

テーマをざっくりいうと

少子化の原因の一つに、子育てに対する負担感が挙げられている。また、核家族化や都市化による家庭の養育力の低下も指摘されている。そのため、子育て支援は、国や自治体にとって重要なテーマ

現在講じられている支援や対策は

子ども・子育て支援新制度
● 幼児期の学校教育や保育、地域の子育て支援の量の拡充や質の向上を進めていくためにつくられた制度。必要とするすべての家庭が利用でき、子どもたちがより豊かに育っていける支援をめざす
● 2012（平成 24）年 8 月に成立した「子ども・子育て支援法」などの子ども・子育て関連 3 法に基づく
● 政府は「異次元の少子化対策」を掲げ、2024 年度から 3 年間かけ「こども・子育て支援加速化プラン」を集中的に取り組むと発表（具体的には、児童手当の拡充などを検討）

課題は

①経済的負担
　● 子育て世帯の経済的負担感が大きい

②保育所や学童クラブなどの施設が不足
　● 依然として待機児童が存在

③一時保育、家事援助など各種サービスが不足

ポイント

自治体の対応	
子育て家庭への経済的支援等	給付金、児童手当、子ども医療費助成など
保育施設の整備等	保育所、幼稚園、認定こども園、放課後児童クラブ、子ども家庭支援センターの整備、病児・病後児保育、一時保育など。また、こうした施設や保健所では、保護者の子育てに関する相談にも対応している
女性が働きやすい環境の整備等	結婚や出産により退社するケースが多いことから、事業者に対し啓発等を行う。また、自治体も事業主として、職員・職場の意識改革、妊娠・子育て中の職員への支援、男性職員の子育て参加支援などを実施
テーマに関連する用語・トピック	
子ども・子育て関連3法	3法のポイントは、①認定こども園、幼稚園、保育所を通じた共通の給付（「施設型給付」）および小規模保育等への給付（「地域型保育給付」）の創設、②認定こども園制度の改善（幼保連携型認定こども園の改善等）、③地域の実情に応じた子ども・子育て支援（利用者支援、地域子育て支援拠点、放課後児童クラブなどの「地域子ども・子育て支援事業」）の充実、④基礎自治体（市町村）が実施主体、⑤消費税率の引き上げによる、国および地方の恒久財源の確保を前提、⑥内閣府に子ども・子育て本部を設置、⑦子ども・子育て会議の設置
認定こども園	教育・保育を一体的に行う施設。幼稚園と保育所の両方のよさを併せ持っており、保護者が働いている・いないにかかわらず利用が可能
幼児教育・保育の無償化	令和元年10月1日から、3歳から5歳までの幼稚園、保育所、認定こども園などを利用する子どもたちの利用料が無償化された。また、0歳から2歳までの住民税非課税世帯の子どもも対象

テーマをざっくりいうと

合計特殊出生率（1人の女性が一生の間に産む子どもの数）の低下に伴い、少子化が大きな課題

少子化が進行すると

①人口全体が減少
- 日本全体の人口の減少により社会構造に影響（施設整備などのハード面・各種サービスなどのソフト面、両面にわたり影響）

②生産年齢人口（15～64歳）の減少による経済活動の低下
- 生産年齢人口の減少により経済活動が低下し、これまでと同様の生産力を維持するのが困難

③人材確保が困難
- 少子化に伴い、企業等における人材確保が困難となる

少子化の要因は

①未婚化・晩婚化（結婚しない、もしくは結婚が遅い）
②初産年齢の上昇（最初の出産が遅い）
③夫婦の出生力の低下（多くの子どもを求めない）

ポイント

自治体の対応	
女性が結婚・出産しやすい環境の整備	結婚支援：お祝い金の支給、イベントの実施など
	出産支援：不妊治療の経済的支援、産後ケアの実施など
子育てしやすい環境の整備	保育所等の施設整備、経済的支援、就労環境の整備など
人材確保への支援	保育士、介護職員をはじめ、人材確保が困難な業種に対し、就職相談会などを実施

テーマに関連する用語・トピック	
合計特殊出生率	1人の女性が一生の間に産む子どもの数。出産可能な年齢を15～49歳とし、その各年齢別の出生率を合計して算出する。人口が増加も減少もしない合計特殊出生率の水準を人口置換水準といい、日本では2.07とされている。1967年（昭和42年）から1973年（昭和48年）まで、人口置換水準を上回っていたが、それ以降下回るようになった。2005年（平成17年）には1.26にまで減少した。この理由として、①失われた10年や就職難の影響、②結婚や出産適齢期層の経済的困難、③子育てに対する負担感の増大などが指摘されている。その後、景気回復等の影響により上昇したが、新型コロナウイルス感染症の影響下で再び減少した。その理由として、人との接触回数の減少等に伴う婚姻数の減少、妊娠の延期等による出生数の減少などがある。なお、2022年（令和4年）の出生数は77万747人で、1899年の調査開始以来過去最少となった。合計特殊出生率は1.26
街コン	住民が参加する、街ぐるみで行われる合同コンパ。地域経済の活性化の側面もあるが、若い男女が出会う場としても注目され、未婚率増加を防止する効果も期待されている。発祥は2004年（平成16年）に栃木県宇都宮市で開催された「宮コン」であり、その後、全国各地に広まった。自治体が広報を行い、参加者を募ることもある
次元の異なる少子化対策（国の対応）	①経済的支援の強化、②保育、相談支援等のサービス拡充、③共働き・共育ての推進、④社会の意識変革などが特徴

高齢化対策

テーマをざっくりいうと

人口の多い団塊世代などの高齢者の増加。また、少子化に伴い人口総体に占める高齢者の人口割合が増加

高齢化が進行すると

①社会保障費の増大

- 高齢者が多いため、年金や医療などの社会保障費が増大する
- 自治体においては、特別養護老人ホームなどの施設整備や、各種福祉サービスなどの負担が大きくなる

②地域コミュニティの衰退

- 高齢者が多くなるため、地域コミュニティの活性化に影響を与える
- 町内会・自治会、消防団などの構成員も高齢化することから、これまでの活動を維持できないこともある

③介護人材の確保

- 高齢者の増加により、特別養護老人ホームなどの施設も増え、これを支える介護人材の需要も高まる

ポイント

自治体の対応	
高齢者の活用	就労機会の確保：シルバー人材センター、各種セミナーや仕事相談会の開催、ハローワークへの紹介など
	活動の場の提供：見守り活動の担い手、子育て世代のサポーター、各種ボランティアの募集など
健康寿命の延伸	認知症対策：相談窓口を設置、認知症サポーター養成講座、認知症カフェ、認知症家族会の開催
	介護予防：健康教室の開催、民間スポーツクラブなどとの提携
生きがいづくり	各種公共施設で講座の開催、高齢者の自主グループへの活動補助

テーマに関連する用語・トピック	
高齢者の就労	2021年4月に改正高年齢者雇用安定法が施行された。これにより、企業は65歳までの雇用確保（義務）に加え、65歳から70歳までの就業機会を確保するため、高年齢者就業確保措置として、70歳までの定年引き上げ、定年制の廃止などの中から、いずれかの措置を講ずる努力義務が課された（令和3年4月1日施行）
健康寿命	健康上の問題で日常生活が制限されることなく生活できる期間のこと。このため、平均寿命と健康寿命の差は、日常生活に制限のある健康ではない期間とされる。2019年の平均寿命は男性81.41歳・女性87.45歳、健康寿命は男性72.68歳・女性75.38歳となっており、その差は男性8.73年・女性12.07年となっている（令和4年版厚生労働白書）。できるだけ健康寿命を延ばし、高齢者が健康で自立した生活を送れることが求められている
フレイル	Frailty（虚弱）の訳で、日本老年医学会が2014年に提唱した概念。健康な状態と要介護状態の中間に位置し、身体的機能や認知機能の低下が見られる状態をいう。健康寿命の延伸のためには、フレイル予防が重要とされており、栄養・運動・社会参加が3本柱といわれている

人口減少

過去の出題例
●岩手県：令和２年度
●山形県：令和元年度
●石川県：令和元年度

テーマをざっくりいうと

少子高齢化に伴い人口が減少すると、自治体の事業、地域コミュニティなど、さまざまな面に影響が生じる

人口減少が進行すると

①税収減に伴う事業の見直し
- 税収減となり、これまでと同様の自治体の事業実施・サービス提供が困難となる
- 事業の廃止などを行う自治体も

②地域活動の担い手不足
- 地域活動（防犯パトロール、自主防災組織、ボランティアなど）の担い手が不足
- 活動の維持が困難になる

③小売・飲食・医療など生活関連サービスの縮小
- 収支が悪化し、小売・飲食・医療など生活関連サービスが撤退
- 住民の生活に大きな影響が生じる

ポイント

自治体の対応	
コンパクト シティの検討	人口減少に伴い、従前のようなインフラの維持が困難となる。このため、住民の居住エリアを集約するコンパクトシティについて検討する動きなどがある
Uターン・ Jターン・ IターンのPR・ 促進	住民数を増やすため、Uターン・Jターン・IターンのPRや促進を行う。また、移住体験会、シェアオフィスの整備、低額での住居提供、保育料の無償化など転入者にとって魅力的な事業を行うことで、自治体の特徴を示す
企業誘致の ための環境整備	企業全体または機能の一部を移転してもらい、人口の増加をねらう。たとえば、ネット環境の整備を自治体が行い、IT企業を誘致することで人口を増加させ、法人住民税などの税収増をねらう

テーマに関連する用語・トピック	
コンパクト シティ	都市の中心部に行政、商業、住宅など、さまざまな機能を集約し、市街地をコンパクトな規模に収めた形態のこと。都市機能を徒歩圏内などで収めることによって、従来よりもインフラ整備の縮減を図ることができるため、自治体財政にメリットがある。一方で、騒音問題の増加、不動産価格の値上がりなどのデメリットも指摘されている
地方創生	少子高齢化の進展に的確に対応し、人口の減少に歯止めをかけるとともに、東京圏への人口の過度の集中を是正し、それぞれの地域で住みよい環境を確保して、将来にわたって活力ある日本社会を維持していくことをめざすもの。国では長期ビジョンや総合戦略が策定され、自治体では当該地方の人口の現状と将来の展望を提示する「地方人口ビジョン」と、地域の実情に応じた今後5か年の施策の方向を提示する「地方版総合戦略」が策定されている
地域おこし 協力隊	都市地域から過疎地域等の条件不利地域に移住して、地域ブランドや地場産品の開発・販売・PR等の地域おこし支援や、農林水産業への従事、住民支援などの「地域協力活動」を行いながら、その地域への定住・定着を図る取組み。隊員は各自治体の委嘱を受ける。任期はおおむね1年以上、3年未満

Theme **7**

SDGs

過去の出題例
● 福井県：令和 4 年度
● 特別区：令和 3 年度
● 北九州市：令和元年度

テーマをざっくりいうと

Sustainable Development Goals（持続可能な開発目標）の略。2030 年までに持続可能でよりよい世界をめざす国際目標。2015 年 9 月の国連サミットで、加盟国の全会一致で採択された「持続可能な開発のための 2030 アジェンダ」に記載された。17 のゴール・169 のターゲットから構成され、地球上の「誰一人取り残さない」ことを掲げている

SDGs と自治体の関係は

● そもそも自治体は持続可能なまちづくりをめざしており、SDGs の理念を従来から実施している
● 自治体のさまざまな事業は 17 のゴールに関連づけられる（たとえば、目標 1 の貧困は生活保護、目標 13 の気候変動は環境対策など）

ポイント

自治体の対応	
自治体の総合計画や各種行政計画において位置づけ	SDGs の考え方を、自治体の総合計画や各種行政計画の基本方針に位置づけている自治体がある
条例制定	北海道下川町、群馬県桐生市などでは、SDGs に関する条例を制定し、持続可能なまちづくりを明確化している
専管組織の設置	SDGs 未来都市に関する施策など、SDGs について総合的・計画的に推進するため専管組織を設置する自治体もある
GX（グリーントランスフォーメーション）への取組み	GX とは、脱炭素社会の実現に向けた取組みを進めながら、経済成長も実現させる経済社会システム全体の変革のこと。具体例としては、GX に取り組む企業への支援や、移動困難な高齢者の支援のための超小型電気自動車の導入などがある

テーマに関連する用語・トピック	
SDGs の17 のゴール	①貧困をなくそう／②飢餓をゼロに／③すべての人に健康と福祉を／④質の高い教育をみんなに／⑤ジェンダー平等を実現しよう／⑥安全な水とトイレを世界中に／⑦エネルギーをみんなに そしてクリーンに／⑧働きがいも経済成長も／⑨産業と技術革新の基盤をつくろう／⑩人や国の不平等をなくそう／⑪住み続けられるまちづくりを／⑫つくる責任 つかう責任／⑬気候変動に具体的な対策を／⑭海の豊かさを守ろう／⑮陸の豊かさも守ろう／⑯平和と公正をすべての人に／⑰パートナーシップで目標を達成しよう
SDGs 未来都市	SDGs の理念に沿った基本的・統合的取組を推進しようとする都市・地域の中から、特に、経済・社会・環境の三側面における新しい価値創出を通して持続可能な開発を実現するポテンシャルが高い地域として、内閣府が選定するもの
自治体 SDGsモデル事業	SDGs 未来都市の中でも、特に優れた取組みを行う自治体の事業を自治体 SDGs モデル事業という。SDGs の理念に沿った統合的取組みにより、経済・社会・環境の三側面における新しい価値創出を通して、持続可能な開発を実現するポテンシャルが高い先導的取組みであって、多様なステイクホルダーとの連携を通し、地域における自律的好循環が見込める事業とされる

多文化共生社会

過去の出題例
- 神奈川県：令和元年度
  （小中学校等事務）
- 静岡県：令和2年度
- 福岡県：令和元年度

テーマをざっくりいうと

外国人住民等が増加してきたことを踏まえ、お互いの価値観を認め合う多文化共生社会の構築が大きな課題

背景と課題は

①多文化共生とは

- 「国籍や民族などの異なる人々が、互いの文化的ちがいを認め合い、対等な関係を築こうとしながら、地域社会の構成員として共に生きていくこと」（総務省：多文化共生の推進に関する研究会報告書）

②なぜ多文化共生社会の構築が必要か

- 外国人住民の増加：2019年4月に始まった外国人労働者の受け入れの拡大（「特定技能*」制度の創設）、訪日外国人の増加などにより外国人住民が増加
- 日本人住民と外国人住民との間のトラブル防止：言葉が通じないことや文化の違いなどから、日本人住民と外国人住民との間でトラブルが発生してしまうことがあり、トラブルを避けるためには両者が互いを理解することが必要
- 外国人住民もまちづくりの担い手：外国人住民も地域にとっては大事なまちづくりの担い手になることから、地域で活動できる環境整備が必要

＊特定技能：国内人材を確保することが困難な産業において、一定の専門性・技能を有する外国人を受け入れることを目的とする制度。2023年、国は「特定技能」の見直しを検討

ポイント

自治体の対応	
外国人住民への的確な周知・PR	外国人住民向けハンドブックの配付、外国語版のホームページ、外国語による生活相談など
日本人住民の異文化理解の促進	外国の言語や文化に関する講座の開催、国際交流のイベントの実施など
外国人住民と日本人住民が交流できる機会の確保	SNS の活用、地域で開催する防災訓練やお祭りへの外国人住民の招待、インターナショナルスクールでの運動会や文化祭への日本人住民の参加など

テーマに関連する用語・トピック	
在留外国人数	出入国在留管理庁によると、令和4年6月末の在留外国人数は、296万1,969人で、前年末に比べ20万1,334人（7.8％）増加。国籍・地域別では、中国、ベトナム、韓国の順番で、都道府県別では東京、愛知、大阪の順番となっている。在留資格別では、永住者（日本人の配偶者等）、技能実習（発展途上国の若者を技能実習生として日本の企業へ受け入れ、実際の実務を通じて実践的な技術や技能・知識を学び、帰国後母国の経済発展に役立ててもらうことを目的とするもの）、特別永住者（第二次世界大戦終戦前から引き続き居住している在日韓国人・朝鮮人・台湾人およびその子孫）の順となっている
やさしい日本語	外国人等にもわかるように配慮して、簡単にした日本語のこと。1995年の阪神・淡路大震災では、多くの外国人も被害を受けたが、その中には、日本語も英語も十分に理解できず、必要な情報を受け取ることができない人もいた。そこで、こうした人たちが災害発生時に適切な行動をとれるように考え出されたのが「やさしい日本語」の始まり。特徴として、難しい言葉を避けてやさしい言葉に言い換える、一文を短くするなどがある

防災対策

過去の出題例
●岐阜県：令和元年度
●兵庫県：令和元年度
●高知県：令和元年度

テーマをざっくりいうと

近年、地震、台風、猛暑などの災害が多発し、防災対策の重要性が増している

背景と課題は

● 地震による倒壊、火災・停電・津波や、豪雨による浸水・停電・土砂崩れなど、規模の違いはあるが、日本各地で毎年のように災害は発生している

● 風水害には、鉄道の計画運休、マンション地下の機械室浸水による停電、避難所自体の浸水など、地震とは異なる課題もある

ポイント

自治体の対応	
避難所等の整備	被害の程度により、一時集合場所、避難所、避難場所などが指定されている。自宅生活ができない場合には、避難所で生活を行うことになるが、避難所の質の向上が求められている
情報通信・無線等の整備	これまでに防災無線のデジタル化等が行われてきたが、スマートフォンの普及等に伴い、緊急速報メールや防災アプリの導入などが行われている
住民等への意識啓発	大地震直後には住民等の防災意識は高まるが、時間の経過とともに低減していく。防災対策には、自助・共助・公助があるが、この中で自助が最も重要であるといわれている。このため、各自治体で防災イベントや講習会の開催、地域防災訓練などを実施している。また、HUG（静岡県が開発した避難所運営ゲーム）など、新たな訓練手法も活用されている
自主防災組織との連携	各自治体には、町内会等が母体となった自主防災組織がある。共助のため重要な組織だが、構成員の高齢化などが課題となっており、新たな担い手の育成なども求められている

テーマに関連する用語・トピック		
一時集合場所・避難所・避難場所	一時集合場所	避難場所へ避難する前に、近隣の避難者が一時的に集合して様子をみる場所、または避難者が避難のために一時的に集団を形成する場所。集合した人々の安全が確保されるスペースを有する学校のグラウンド等が指定されている
	避難所	地震などにより家屋の倒壊や焼失などで被害を受けた人、または現に被害を受けるおそれがある人が、一定の期間避難生活をする場所。小中学校などの公共施設が指定されている
	避難場所	地震などによる火災が発生し、地域全体が危険になったときに避難する場所で、火災がおさまるまで一時的に待つ場所。大規模な公園や緑地、大学などが指定されている
自主防災組織	災害対策基本法において、「住民の隣保協同の精神に基づく自発的な防災組織」（2条の2第2項）として定められている組織。自治体はその充実に努めなければならない旨規定されており、地域の実情に応じて、町内会や小学校区などを単位とした自主防災組織の結成が進められている	

過去の出題例
- 福岡県：令和元年度
- 広島市：令和2年度

テーマをざっくりいうと

個人情報を守るべき自治体やその職員の故意または過失によって、各種資料などの紙媒体だけでなく、個人情報を含む電子データなどが外部へ渡ってしまい、住民等からの信頼が失われる

課題は

①職員のミスもしくは意図的な情報の流出

- USBメモリなどの電子データや名簿などの資料の紛失、電子メールの誤送付、ホームページ更新作業ミスによる個人情報掲載など、職員のミスにより情報が漏洩する
- 転売などの目的で職員が意図的に情報を流出させてしまう

②管理体制の不備

- 個人情報が含まれる資料を収納するキャビネットに鍵をかけていない、USBメモリ持ち出しの記録簿をつけていないなど、業務上のルール化がされず、職場の管理体制に不備がある

③不正アクセスなどのシステム上の問題

- 情報システム上の問題として、セキュリティ体制が十分でないことから、不正アクセスによる攻撃やコンピュータウイルスの感染などにより、個人情報が漏洩することがある

ポイント

自治体の対応	
職員への指導・啓発	個人情報を取り扱う職員に対する研修の実施や、各職場におけるマニュアル作成など、職員への指導・啓発を行う
管理体制の構築	USBメモリなどの記憶媒体の保管や持ち出し、マイナンバーなどの管理方法など、各種規定に基づき個人情報を管理する
システムの整備	不正アクセスやコンピュータウイルスの排除など、データのクラウド化、シンクライアントシステムの構築など、個人情報を流出させないためのシステムを整備する

テーマに関連する用語・トピック	
公文書管理	自治体では、条例に基づき情報公開制度を定め、行政保有情報に対する住民の公開請求権を保障している。自治体が保有する情報は、住民との共有財産であり、行政運営を行ううえで、自治体は住民に対し説明責任（アカウンタビリティ）を果たす必要がある。 このため文書管理についても、情報公開条例等に基づき行われている。実際には、電子文書管理システムや書類のファイリングシステムを活用し、文書の所在が、文書の作成から廃棄に至るまでのどの段階でも、明確に検索できるようにしている。なお、公文書管理法34条では、自治体の文書管理について「地方公共団体は、この法律の趣旨にのっとり、その保有する文書の適正な管理に関して必要な施策を策定し、及びこれを実施するよう努めなければならない」と規定している
公文書管理法	平成21年に制定された「公文書等の管理に関する法律」のこと。この制定により、政府全体が統一されたルールに基づいて、公文書等の作成・管理を行うこととなった。「公文書等」とは、①行政文書、②法人文書、③特定歴史公文書等をいう
守秘義務	地方公務員には、秘密を守る義務がある（地方公務法34条）。そのポイントは、 ①職員は、退職後も含めて、職務上知り得た秘密を漏らしてはいけない ②法令による証人等となり、職務上の秘密事項を発表する場合は、任命権者の許可を受けなければならない の2点。行政は非常に多くの情報を扱うが、職員がその情報を漏らしてしまえば、個人や企業は大きな不利益を被ったり、不快に感じたりする。これでは、信頼される行政運営を行うことは不可能となるため、守秘義務が課されている

行財政改革

過去の出題例
● 神奈川県：令和 2 年度
● 三重県：令和元年度
● さいたま市：令和 3 年度（福祉他）

テーマをざっくりいうと

人口減少に伴う税収減、高齢化に伴う社会保障費の増大などから、自治体はこれまでの行政サービスの維持が困難になってきている。このため、自治体にとって行財政改革は喫緊の課題となっている

なぜ行財政改革が必要か

①人口減少に伴う税収減

- 人口減少に伴い、生産年齢人口も減少することから、将来的には税収減になることが見込まれる

②社会保障費などの増大

- さらなる高齢化の進行に伴い、社会保障費は増大する
- 高度経済成長期に整備した老朽化施設が更新時期を迎えている

③行政サービスの多様化・高度化

- 職員数が限られる中、多様化・高度化する行政サービスに対応する必要がある

ポイント

自治体の対応	
歳出削減に向けた取組み	アウトソーシング（民間委託等）の推進、定員の適正化、各事務事業の検証など
歳入確保に向けた取組み	徴収率の向上（差押え、コールセンター等）、市有財産の活用（広告事業、ネーミングライツ、未利用地の貸付等）など
行政評価制度の活用等	行政評価制度（行政が実施している政策、施策や事務事業について、成果指標等を用いて有効性、効率性、必要性を評価すること）を活用することにより、PDCAサイクルを確立し、より効果的・効率的な事務執行に努める

テーマに関連する用語・トピック	
アウトソーシング	自治体の業務を民間企業等に委託すること。メリットとしては、人件費の高い公務員に代わり安価で事業が実施できることや、民間企業の持つノウハウを活かした柔軟なサービスの提供が可能となることがある。一方、デメリットとして、自治体の責任が不明確になることや、悪質な業者によるサービス低下などが指摘されている。実際にアウトソーシングを行っている事業としては、保育所・公民館などの施設の管理運営、人事給与業務、学校の給食調理、清掃工場の運営など幅広い
行政評価制度	行政のさまざまな事業について、進捗状況、効果、課題などを客観的に点検、評価、検証し、その結果を継続的に行政活動に反映させていく取組みのこと。自治体職員が実施するものを内部評価、学識経験者や住民などの外部の人が実施するものを外部評価という
PFI（Private Finance Initiative）	公共事業を実施するための手法の一つ。民間の資金と経営能力・ノウハウを活用し、公共施設等の設計・建設・改修・更新や維持管理・運営を行う

住民の行政参加

過去の出題例
- 滋賀県：平成 29 年度
- 千葉市：平成 29 年度
  （事務・学芸員）
- 堺市：令和元年度

テーマをざっくりいうと

自治体が政策を決定するに当たり、住民が参加すること

なぜ必要か

地方自治のあるべき姿は、団体自治と住民自治の実現にある

団体自治	国家から独立した地域団体（自治体）の存在を認め、国等による地域団体への関与を必要最小限度にとどめて、地方公共団体の事務は地域団体の創意と責任において処理させようとする考え方
住民自治	地方の政治や行政は、地域住民がこれに参加し、住民自らの責任においてその運営を行うという考え方

このため、自治体にとって住民の行政参加は不可欠

- 実際の行政参加の手法には、審議会・委員会、ワークショップ、パブリックコメントなど、さまざまな形態がある

ポイント

自治体の対応	
審議会・委員会	地方自治法に定められる附属機関として、自治体に審議会・委員会を設置する。こうした機関の委員として住民等が意見を述べる
ワークショップ	特定のテーマについて、参加者が自由に意見交換を行うもの。自由な議論や共同作業を通じて合意形成を図る
パブリックコメント	自治体が政策などの案を発表し、その案に対して住民から意見を募集する。自治体はその意見を参考に意思決定を行うとともに、住民からの意見に対して自治体の考え方を公表する
モニター制度	公募した住民を登録して、特定のテーマについてアンケートや会議出席により意見聴取を行う
テーマに関連する用語・トピック	
協働	複数の主体が何らかの目標を共有し、ともに力を合わせて活動すること。これまで町内会等の地縁団体が地方自治においては大きな役割を果たしてきたが、近年では自治会・町内会の加入率低下もあり、地域の関係の希薄化が指摘されている。また、現在では、NPO、ボランティア団体など多様な主体が地域活動団体の担い手になっている。こうした多様な主体と区が協働して、地域のさまざまな課題に対応している。その範囲は、健康、福祉、まちづくり、環境など幅広い
ソーシャルキャピタル	社会や地域コミュニティにおいて、人々の結び付きや相互関係を支える仕組みの重要性を説く考え方。日本語では社会的資本や社会関係資本などと訳される。ソーシャルキャピタルが蓄積されると、相互の協力や信頼が構築される。このため、他人への警戒が少なく、治安・経済・教育・健康・幸福感などによい影響があり、社会の効率性が高まるとされる。厚生労働省では、地域保健対策におけるソーシャルキャピタルの活用・醸成のあり方に関する研究を推進するとともに、手引書等をまとめている
プラーヌンクスツェレ（市民討議会）	1970年代にドイツのペーター・C・ディーネル教授によって開発・考案された市民参加の手法。特徴としては、 ①話し合いへの参加者を無作為抽出で選ぶ ②参加者に謝礼を支払う ③1グループ5人に分けて参加者だけで話し合い、全体で投票を行う ④各話し合いの前に現状や課題などの情報提供を行う ⑤まとまった結果を市民答申として公表する がある

地方上級（都道府県）

北海道（令和 4 年度）

〔一般行政〕道では、令和 4 年度重点政策において、「暮らしや産業へのデジタル化の浸透による『北海道 Society5.0』の実現」を掲げています。積雪寒冷、広域分散型の地域特性を持つ北海道において、暮らしや産業など各分野で、デジタル技術を活用した地域課題解決の先進地をめざすために、道としてどのような取組みが必要か、あなたが考える具体的な取組みとその理由について書きなさい。（二次、90 分）

青森県（令和 4 年度）

　厚生労働省と警察庁が発表した「令和 3 年中における自殺の状況」によると、令和 3 年の青森県における自殺者数は前年から 35 人増え 293 人（男性 217 人、女性 76 人）で、人口 10 万人当たりの自殺者数（自殺死亡率）は 23.7 人と全国で最も多く、また、前年の自殺死亡率からの増加幅は 2.9 ポイントと全国最大であった。このような状況を改善するため、県としてどのような取組みが必要か、あなたの考えを述べなさい。（一次、60 分、800 字）

岩手県（令和 5 年度）

〔一般行政 A〕岩手県が抱える課題と解決策。（80 分、800 字）

宮城県（令和 5 年度）

〔保健師〕ひきこもり本人とその家族への必要な支援について。（80 分、1,200 字）

秋田県（令和 4 年度）

　人口減少やさまざまな危機管理への対応をはじめ、自治体を取り巻く環境が変化していく中で、本県が最も重点的に取り組むべき課題を挙げて、想定される問題点と解決策についてあなたの考えを述べなさい。（一次、60 分、800 字）

山形県（令和4年度）

　新型コロナウイルス感染症は県民の生活や社会・経済活動に大きな変化をもたらしたが、変化の具体例を挙げ、その変化に対し山形県が取り組むべき施策について、あなたの考えを述べなさい。（一次、60分、1,000字）

福島県（令和4年度）

　働く女性が個性と能力を十分に発揮し、活躍できる社会を実現するために、行政としてどのような取組みができるか、あなたの考えを述べなさい。（一次、60分、800字）

茨城県（令和4年度）

　本県の観光産業について、観光産業の現状や社会情勢等を踏まえて、どのような施策を推進していくべきか、あなたの考えを述べなさい。（一次、80分、600～1,000字）

栃木県（令和4年度）

　「高齢者がいきいきと暮らせるとちぎ」の実現に向けた取組みについて。（一次、90分、1,100字）

群馬県（令和4年度）

　本県は他県に先駆け、昨年3月に「群馬県多文化共生・共創推進条例」を策定したが、多文化共生・共創社会※の一層の推進のために、今後群馬県としてどのようなことに取り組めばよいと考えるか。（二次、90分、1,200字）

※多文化共生・共創社会：国籍、民族等の異なる人々が、互いの文化的な違いを認め合い、対等な関係を築こうとしながら、地域社会の構成員としてともに生きるとともに、多様性を生かしつつ、文化および経済において新たな価値を創造し、または地域に活力をもたらす社会

埼玉県（令和4年度）

　人と人との関係性や「つながり」が希薄化する中、新型コロナウイルス感染拡大の影響が長期化することにより、これまで内在していた孤独・孤立の問題が顕在化し、一層深刻な社会問題となっている。この問題に政府一体となって取り組むため、令和3年2月、内閣官房に孤独・孤立対策担当室が設置され、令和4年2月には官・民・NPO等の連携強化の観点から「孤独・孤立対策官民連携プラットフォーム」が発足したところである。そこで、次の2点についてあなたの考えを900字以上1,100字以内で論じなさい。（一次、75分、900～1,100字）

①わが国において、新型コロナウイルス感染拡大前から、人と人との関係性や「つながり」が希薄化していった背景には、どのような要因があると考えるか。

②あなたが特に支援が必要と考える状況に置かれている人の例を１つ挙げ、その人に対し、行政として NPO 等と連携しながら、どのように取り組んでいけばよいか。

千葉県（令和 4 年度）

　人口減少・少子高齢社会が本格化し、課題の複雑化と財政状況の悪化が懸念される状況下において、自治体が単独で対応することには限界が出てきている。そうした限界を克服する方法の一つとして注目されているのが、自治体がさまざまな目的・規模・手法において相互に協力し合う広域連携である。そこで今後、どのような政策課題について、いかなる広域連携が効果的か、具体的な事例を挙げながら論じなさい。（一次、90 分）

東京都（令和 5 年度）

⑴別添の資料より、正しい情報をタイムリーに伝える「伝わる広報」を展開するために、あなたが重要であると考える課題を 200 字程度で簡潔に述べよ。（資料省略）

　　資料１：今後力を入れてほしい広報媒体と都政情報の入手経路

　　資料２：これからの都政の進め方について都民が望むこと

　　資料３：都政情報の充足状況

⑵⑴で述べた課題に対して、都はどのような取組みを進めるべきか、あなたの考えを述べよ。

　解答に当たっては、解答用紙に⑴、⑵を明記すること。（一次、90 分、1,000 〜 1,500 字）

神奈川県（令和 5 年度）

　少子化における人材活用について。（90 分、1,200 字）

山梨県（令和 4 年度）

　あなたが考える山梨県の魅力とは何かを挙げ、その魅力を最大限に活かし、「県民一人ひとりが豊かさを実感できるやまなし」を実現するために、県としてどのような施策に取り組むべきか、あなたの考えを述べなさい。（二次、90 分）

長野県（令和 4 年度）

　令和 2 年度の長野県内の育児休業取得率は、女性が 96.4 ％、男性が 19.8 ％である。以下の資料を踏まえ、男性の取得率を上げる必要性を考察したうえで、行政としてどのような施策が必要か、あなたの考えを具体的に述べなさい。（一次、90 分、1,200 字）（資料省略）

新潟県（令和 4 年度）

　新潟県では、国内外の方々が新潟県に魅力を感じ、訪ねていただける新潟県

をめざすため観光立県推進行動計画を策定し、観光振興に取り組んでいます。行動計画において、観光は、ゆとりや潤いのある生活の実現に寄与するものであるとともに、自然、食、文化、歴史その他の地域資源の活用等を通じた魅力の向上や地域の魅力再発見により地域づくりに貢献するものと位置づけています。そこで、新潟県が観光立県としてさらに発展するために、あなたが考える新潟県の観光資源とその活用方法について自由に意見を述べなさい。（二次、75分、1,000字）

岐阜県（令和4年度）

　岐阜県ではデジタル・トランスフォーメーション推進計画を策定し、「誰一人取り残されないデジタル社会」の実現に向けて、情報格差の解消を図るとともに、あらゆる分野においてDXを推進することとしている。そこで、岐阜県のデジタル社会形成のため、あなたが必要と考える施策を述べなさい。（一次、60分）

静岡県（令和5年度）

〔行政IIおよび行政〈静岡がんセンター事務〉以外〕 若年層の人口減少について。（90分、1,000〜1,200字）

愛知県（令和5年度）

〔行政I、専門職〕 愛知県における喫緊の課題は何か。その理由と解決策も述べよ。（90分、800字）

〔行政II〕 イノベーションを創出する社会を実現するために、県はどのような施策を講ずるべきか。（120分、1,000字）

三重県（令和4年度）

　わが国は、令和2（2020）年10月に「2050年カーボンニュートラル」を宣言し、令和12（2030）年度において、温室効果ガス46％削減（2013年度比）をめざすこと、さらに50％の高みに向けた挑戦を表明する等、国内外のカーボンニュートラルへの動きはますます加速しています。本県では、この動きをチャンスととらえ、カーボンニュートラルの実現に向けた取組みを産業・経済の発展につなげていく視点から、令和8（2026）年度までの5年間において、優先的・先駆的に実施する取組みの方向性を整理した「ゼロエミッションみえ」プロジェクトを進めています。そこで、本県においてカーボンニュートラルの施策を推進するに当たり生じる課題を述べ、行政としてどのような点を考慮して対策を行えばよいか、あなたの考えを論述してください。（二次、90分、1,200字）

富山県（令和4年度）

　富山県では、「幸せ人口1000万〜ウェルビーイング先進地域、富山〜」※をめざしています。どのような取組みをすれば、富山県にかかわる仲間が増え、集積するようになるか、あなたの考えを述べなさい。（二次、60分）

※幸せ人口1000万：幸せという大きな傘のもと、県内人口だけでなく、仕事をする人、よく訪れる人、生まれ育った人など、富山に愛着を持ってかかわるすべての人を富山の仲間とすること

※ウェルビーイング（well being）：肉体的にも、精神的にも、社会的にもすべてが満たされた状態。「真の幸せ」

石川県（令和4年度）

　石川県の多様な文化の発信について（一次、70分、800字）

福井県（令和4年度）

SDGsの達成に向けた取組みについて

　持続可能な開発目標（SDGs）とは、2015年9月の国連サミットにおいて採択された2030年までの国際目標である。持続可能な世界を実現するための17のゴール（目標）から構成され、「誰一人取り残さない」という共通理念を掲げている。SDGsの達成に向けて、国や自治体、企業等がさまざまな取組みを進めている中、昨年5月、福井県は、「次世代に選ばれる『しあわせ先進モデルふくい』の実現」をテーマにした提案が認められ、内閣府の「SDGs未来都市」に選定された。

「SDGs17のゴール（目標）」（省略）

(1)上記に掲げたSDGsの目標の中で、あなたが最も関心を持っている、または最も重要と考えているものを1つ挙げ、その理由について具体的に述べなさい。

(2)なたが本県の職員になった場合、(1)で挙げた目標を達成するために解決すべき課題を挙げるとともに、県として取り組んでみたい施策について具体的に述べなさい。

＊(1)(2)すべてについて、回答してください（(1)(2)について、おおむね半分ずつの文章量となるように回答してください）（二次、70分、800字）

滋賀県（令和4年度）

　日本における女性の政治参画については、たとえば、衆議院の女性比率が9.7％（2021年12月時点）、参議院の女性比率が23.1％（2022年3月時点）となっており、国際比較でも非常に低い水準となっています。また、地方公共団体の首長や議会においても同様の状況です。このような状況が社会にもたら

す影響について言及したうえで、女性の政治参画をより一層促すためにどのような取組みが必要か、あなたの考えを述べなさい。(二次、90分)

京都府（令和4年度）

　少子化により人口減少が急速に進行する中、東京圏（東京都、千葉県、埼玉県、神奈川県）への一極集中の傾向が継続し、地方から人口が流出している。令和元年度の住民基本台帳人口移動報告によると、東京圏は14万5,576人の転入超過となっており、年齢階級別転入超過数は20歳～24歳が最も多く（8万985人）、次いで25歳～29歳（2万6,192人）、15歳～19歳（2万5,371人）と、15歳～29歳が全体の9割以上を占めている。東京圏への過度な一極集中は首都直下型地震等の巨大災害による直接的な被害を高めるだけでなく、地方における人口、特に生産年齢人口が減少することにより、地方での地域社会の担い手が不足し、さまざまな社会的・経済的な問題を発生させている。一方で、新型コロナウイルス感染症の拡大やそれに伴うテレワークの普及等を受け、地方移住への関心が高まっている傾向もあり、地方への人の流れをつくるために、人々の意識や行動の変化を的確にとらえ、地方移住の動きを後押しすることが必要である。国では、20～39歳の男女を対象に地方での暮らしや移住等に関する意識調査を行っており、資料はその調査結果を抜粋したものである。(資料省略)

問1　資料のアンケート結果も踏まえ、地方公共団体が移住・定住施策を実施するに当たり、あなたが課題として考えることを、400字以内で簡潔に記述しなさい。

問2　京都府においても人口減少は農村部において特に深刻であり、農林水産業の従事者や地域社会の担い手の確保が重要な課題となっている。このため、京都府では、相談窓口や移住セミナー等を通じた移住情報の発信や、居住のための空き家の改修、農山漁村地域での起業支援など、移住検討者に対して、移住・定住に至るまでの各段階に応じた支援策を提供しているところであるが、移住・定住をさらに推進するために京都府が実施すべきとあなたが考える事業を、その事業を実施するうえでの課題とその解決策、期待される事業効果とともに、問1の記述も踏まえ、600字以内で簡潔に記述しなさい。

（注）書き出しの1字下げや改行によって生じた空白やマス目も字数に含める（一次、90分）

大阪府（令和4年度）

　令和2年度のわが国における育児休業取得率は、女性81.6%、男性

12.65％となっており、男性の取得率は上昇傾向にあるものの女性に比べ低い水準となっている。こうした中、男性の育児休業取得をこれまで以上に促進するとともに、職場全体の雇用環境整備を進めるため、令和3年に育児・介護休業法が改正された。この改正により、子の出生直後の時期における柔軟な育児休業の枠組みとして、出生時育児休業（産後パパ育休）が創設されるとともに、事業主に対しては、本人または配偶者の妊娠・出産の申し出をした労働者に対し、育児休業制度に関する周知と休業取得の意向確認を個別に行うことなどが義務づけられた。そこで、次の(1)、(2)の問いに答えなさい。（二次、60分）

(1)男性の育児休業取得率が女性と比べて低い背景に触れつつ、男性の育児休業取得を促進することの意義について、あなたの考えを述べなさい。

(2)男女がともに希望に応じて仕事と子育てを両立できる社会の実現に向け、どのような取組みが必要か、あなたの考えを述べなさい。

兵庫県（令和4年度）

SDGs（Sustainable Development Goals）は、「誰一人取り残さない」持続可能で多様性と包摂性のある社会の実現をめざすための2030年を年限とする国際目標で、2015年9月の国連サミットにおいて全会一致で採択されました。さまざまな国、地域ですでに取組みが始まっており、兵庫県も、SDGs先進県として兵庫のブランド力を高めるため、「兵庫県SDGs推進本部」を設置しています。そこで、SDGsが掲げられた経緯や自治体がSDGsに取り組む意義を踏まえ、下記の5つの目標のうち、あなたが最も関心のあるものについて記載するとともに、その実現に向け、県としてどのような取組みを行うべきか、あなたの考えを述べなさい。（一次、60分、800字）

【SDGsの目標（抜粋）】
目標3（保健）／目標7（エネルギー）／目標9（インフラ、産業化、イノベーション）／目標11（持続可能な都市）／目標13（気候変動）（各目標の内容は省略）

奈良県（令和4年度）

奈良県では、20歳から64歳までの女性の就業率が全国最下位となっており、女性の働き方改革と仕事場づくりが課題となっています。そこで、県内における女性の就業率が低い要因を整理・分析したうえで、女性が就労により能力を発揮し活躍するために行政としてどのような施策に取り組むべきか、具体的に述べなさい。（一次、75分、800字）

和歌山県（令和4年度）

コロナ禍で生じた課題を1つ挙げ、その解決のために県が取り組むべき施策について、あなたの考えを述べなさい。（一次、90分、1,200字）

鳥取県（令和4年度）

さまざまな分野で女性の活躍が求められているにもかかわらず、わが国の女性活躍が世界に比べて進まない（※）のはなぜか、あなたの考えを述べてください。（一次、60分）

※「世界経済フォーラム」（WEF）が2021年に発表した「ジェンダー・ギャップ指数2021」（男女格差の度合いを示す指数）において、日本は世界156か国中120位、主要先進7か国（G7）では最下位だった

島根県（令和4年度）

島根創生計画では、将来にわたって人口を安定的に推移させるために、合計特殊出生率（1人の女性が産む子どもの平均数）を2035年までに2.07まで上昇させることと、毎年平均約600人の減である人口の社会移動（県外からの転入者数－県外への転出者数）を2030年までに均衡させることを目標として掲げています。この目標を達成するために、今後どのようなことに取り組んでいく必要があるか自由に述べなさい。（一次、90分、1,200字）

広島県（令和4年度）

地域共生社会の実現に向けた取組みについて

かつての地域社会では日常生活における不安や悩みを相談できる相手がおり、お互いに助け合う相互扶助により人々の暮らしが支えられていた。時代とともに価値観が変化し、都市部農村部にかかわらず地域のつながりが希薄化しており、福祉課題を抱える人が発見されず、必要な支援が届かないといったケースがある。こうした課題に対して、広島県としてどのように取り組むべきか、あなたの考えを述べなさい。（一次、90分、800字）

山口県（令和4年度）

将来にわたり安心で希望と活力に満ちた山口県を実現するために必要な取組みについて。（二次、60分、1,000字）

徳島県（令和4年度）

デジタル技術は、地方の課題を解決するための鍵であり、国においては、「デジタル田園都市国家構想」を打ち出し、全国どこでも誰もが便利で快適に暮らせる社会をめざすこととしている。県においても、デジタル技術の実装を通じた地域課題の解決や地域活性化に向けたさまざまな取組みを展開している。そこで、「デジタル田園都市国家構想」において、課題として挙げられている、次の4つの中から、あなたが特に解決すべきと思うものを1つ選び、デジタル技術を活用した効果的な解決策について、具体的に述べなさい。（二次、90分、1,000字）

○地方に仕事をつくる（中小企業 DX、スマート農林水産業、観光 DX、など）

○人の流れをつくる（サテライトオフィス、二地域居住、オンライン関係人口、など）

○結婚・出産・子育ての希望をかなえる（母子健康手帳アプリ、子供の見守り支援、など）

○魅力的な地域をつくる（GIGA スクール、遠隔医療、ドローン物流、など）

香川県（令和 4 年度）

　県民が豊かさを実感しながら安心して生活できる社会を実現するために、デジタル技術の利活用の観点から、県としてどのような取組みを進めるべきか、あなたの考えるところを述べなさい。（一次、90 分）

愛媛県（令和 4 年度）

次のいずれかを出題（二次、60 分）

①ウィズコロナを見据えた「攻め」の社会経済活動について

②オール愛媛で取り組むべき重要施策について

高知県（令和 4 年度）

　令和 2 年 10 月、国は「2050 年カーボンニュートラル（脱炭素社会の実現）」を宣言し、地球温暖化と向き合う姿勢を明確にしました。しかし、2050 年までに残された時間が限られている中、私たちや将来世代が安心して豊かに暮らせる社会を創造するため、脱炭素社会の実現に向けてあらゆる施策を速やかに講じていく必要があります。こうした状況を踏まえ、脱炭素社会の実現に向けて、高知県としてどのように取り組んでいく必要があると思いますか。具体的な施策を挙げながら、あなたの考えを述べてください。（二次）

福岡県（令和 4 年度）

【課題 1】福岡県の雇用情勢は、全体としては厳しさが見られるものの、介護・福祉、建設、運輸等の業種については、依然として人材不足の状況が続いており、求人と求職のミスマッチが見られます。本県では、「誰もが住み慣れたところで働く、長く元気に暮らす、子どもを安心して産み育てることができる」地域社会づくりを進めています。将来の労働力人口の減少が見込まれる中、若者、女性、中高年、高齢者、障がいのある人などさまざまな立場の人が、在職者のみならず、求職活動中の方、さまざまな事情で求職活動ができていないが就業を希望する方も含めて、「誰もが住み慣れたところで働く」を実現するため、行政として取り組むべきことはどのようなことがあるか、あなたの考えを述べなさい。（二次）

【課題 2】総務省の発表によると、2021 年 10 月 1 日時点における日本の総人

口の推計は、前年比64万4千人（0.51％）減の1億2550万2千人となり、1950年以降過去最大の減少となりました。福岡県においても、2020年に約514万人であった人口が2040年には約470万人まで減少することが予測されています。そこで、人口減少の要因を踏まえつつ、福岡県で人口減少が進むことにより生じる問題を述べたうえで、その問題を改善・解決するため、行政として取り組むべきことはどのようなことがあるか、あなたの考えを述べなさい。（二次）

【課題3】近年、全国各地で自然災害が頻発し、甚大な被害が生じています。本県においても、平成29年の九州北部豪雨から5年連続で被災しており、行政として、防災・減災対策をしっかり進めることが重要です。県民の防災意識の向上、避難支援の強化、防災啓発活動の推進、災害に強いインフラの整備など、取り組むべき対策は多くありますが、あなたが福岡県職員に採用された場合、特に進めたい対策（※）について、それを進める際に生じる課題、解決方法にも触れつつ、あなたの考えを述べなさい。（二次）
※特に進めたい対策については、上記に例示している対策以外でも構いません

佐賀県（令和4年度）

　佐賀の子どもたちに「佐賀県」に対して誇りを持ってもらうため、佐賀県としてどのような取組みが必要か、あなたの考えを述べなさい。（一次、90分、1,000字）

長崎県（令和4年度）

　本県では、下記に掲げる3つの柱のもとに、人口減少など本県が抱えるさまざまな課題の克服に向けた対策を強化し、新しい長崎県づくりを進めています。そこで、この3つの柱※の中から、関心のあるものを1つ挙げたうえで、新しい長崎県づくりを実現していくための効果的な取組みについて、あなたの考えを述べなさい。（二次、90分、1,200字）
※3つの柱：「全世代の暮らしを安全・安心で豊かにする施策」「チャレンジし成長し続ける施策」「選ばれる長崎県を県民と一緒につくる施策」

熊本県（令和4年度）

　あなたが考える熊本県の「めざすべき姿」はどのようなものか。また、あなたが県職員となったら、その実現のためにどのようにかかわっていきたいか、本県の現状や課題を踏まえ、あなたの考えを述べなさい。（一次、90分、750～1,500字）

大分県（令和4年度）

　大分県の人口は、1955（昭和30）年に約128万人でピークを迎え、2020

（令和２）年には約112万人まで減少しています。国立社会保障・人口問題研究所の推計によると、人口減少は今後さらに加速し、2045（令和27）年には約90万人まで減少するとされています。このような人口減少が本県に与える影響を挙げ、県として、どのような施策に取り組むべきか、あなたの考えを述べなさい。（二次、80分、1,000字）

宮崎県（令和4年度）

　近年、地球環境への配慮や誰もが生きやすい世の中への関心が高まり、持続可能な社会に向けた取組みが広がりつつあります。あなたにとって持続可能な社会とはどのようなものですか。考えの根拠とともに、県として何に取り組むべきか具体的に述べてください。（二次、90分）

鹿児島県（令和4年度）

　鹿児島県の今後の県勢発展の基盤をしっかりつくっていくためには、基幹産業である農林水産業、観光関連産業のさらなる振興を図りつつ、製造業の競争力の強化や新たな産業の創出に取り組むなど、経済を持続的に発展させることで、「稼ぐ力」を向上させ、県民所得の向上を図る必要があるが、そのためには具体的にどのような取組みが必要か、あなたの考えを述べなさい。（二次、90分、1,000字）

沖縄県（令和3年度）

　人口減少社会について。（二次、120分、1,000字）

地方上級（政令指定都市）

仙台市（令和5年度）

　環境問題について。（二次、120分、1,200字）

さいたま市（令和4年度）

　さいたま市は、昨年、市制施行20周年を迎えました。人間でいえば成人として歩み始めた本市は、ここからさらに個性や強みに磨きをかけ、持続可能な成長・発展を遂げていくための都市づくりが必要です。本市の特長を生かし、都市イメージの向上を図るため、どのような取組みをすべきか、次の2つの視点に触れたうえで、あなたの考えを述べなさい。（二次、60分、1,000字）
①訪れたくなるまち
②住み続けたいまち

千葉市（令和4年度）

　2021年において、千葉市では人口の転入超過数が全国の市町村で6番目に

多いものとなり、また、東京都との間での人口移動が転出超過から転入超過に転じました。今後も本市が「選ばれるまち」としてあり続けるために、行政として取り組むべきことについて、あなたの考えを述べなさい。（二次、60分、800字）

特別区（令和5年度）

2題中1題を選択すること。（一次、80分、1,000～1,500字）

1　スマートフォン等の情報通信機器の普及に伴い、区民生活のデジタル化が進む中で、行政の情報発信のあり方にも変化が求められています。特別区においても、デジタル・デバイドの解消を推進する一方で、今後の社会の担い手となる、10代・20代を中心とした若年層について、その情報収集手段や価値観、生活環境を理解したうえで情報発信を行う必要があります。また、行政活動である以上、効果検証や継続性の視点も重要です。このような状況を踏まえ、若年層に伝わりやすい行政情報の発信について、特別区の職員としてどのように取り組むべきか、あなたの考えを論じなさい。

2　わが国では、少子化を背景とした人口の減少傾向や、高齢化のさらなる進展等による経済社会への影響が懸念されている中で、社会経済活動の維持に向けた新たな人材の確保という課題が生じています。こうした課題に対して、特別区では少子化対策等の長期的な取組みに加え、当面の生産年齢人口の減少に伴う地域活動の担い手不足の解消等の対策が早急に求められています。このような状況を踏まえ、人口減少下における人材活用について、特別区の職員としてどのように取り組むべきか、あなたの考えを論じなさい。

横浜市（令和4年度）

次の2つの資料から、性別にかかわりなく誰もが個性と能力を発揮し、活躍できる社会の実現のために、あなたが考える課題および横浜市が進めるべき具体的な取組みを述べなさい。（一次、60分、750字）

資料1　雇用状況悪化に伴う「非正規雇用労働者数」の前年同月比（全国）

資料2　男女共同参画社会の実現に向けて重点的に取り組むべきこと
　　　　質問：あなたは、男女共同参画社会の実現に向けて、横浜市が重点をおいて取り組むべきと思うものは、どのようなことですか。
　　　　（○はいくつでも）

川崎市（令和4年度）

川崎市では、市制100周年の節目を迎える令和6（2024）年度に開催予定の「全国都市緑化かわさきフェア」を契機とした「みどりのムーブメント」を

推進しています。フェア終了後も、かわさきフェアのレガシーとなる地域愛を持った市民が、次の100年に向けて、どのような取組みを行えばよいか、川崎市が持つ地域資源、地域特性などを踏まえながら、具体的な取組みについて提案してください。（二次、80分、1,000～1,200字）

相模原市

不明（二次、60分、700字）

浜松市

不明（三次）

名古屋市（令和4年度）

〔春実施試験〕本市は230万人以上の人口を有する都市であり、年齢や性別、国籍などが異なるさまざまな市民が日々生活しています。多様性を重視し、誰もが一人ひとりの個性や多様な価値観・生き方を認め合い、安心して生活できる環境を実現するために、本市がどのような施策に取り組むべきか。施策の対象者を具体的に示したうえで、あなたの考えを述べてください。（一次、60分）

〔夏実施試験〕南海トラフを震源とする大規模な地震の発生確率が、今後30年間で70から80％と切迫度を増しています。また、近年では全国的に豪雨の発生回数が増加しており、洪水や高潮による浸水被害も懸念されています。そこで、本市がより一層自然災害に強いまちになっていくための備えとして、どういった施策に取り組むべきか。あなたの考える「自然災害に強いまち」を述べ、本市の現状と課題について論じたうえで、それを解決するための施策を具体的に述べてください。（一次、60分）

京都市（令和4年度）

あなたにとって働くこととはどういうことかと、そのような考えに至った具体的なエピソードを交えて述べてください。（一次、40分、600字）

大阪市（令和4年度）

大阪市は今後、新型コロナウイルス感染症拡大の防止、市民生活への支援および大阪経済の再生を進め、コロナを乗り越えた先にある大阪の成長・発展を確たるものとしていかなければならないが、あなたが考える「魅力と活力あふれる大阪」とはどういったものか、また、それを実現するための具体策を挙げ、あなたの考えを述べなさい。（一次、90分）

堺市（令和4年度）

身体的、精神的、社会的に良好な状態を意味する「Well-being（ウェル・ビーイング）」という考え方に、近年注目が集まっている。すべての人が心身ともに健康で、充実した生活を送り、幸せを実感することができる社会を実現するた

めに、堺市はどのような取組みを行う必要があるか、あなたの考えを800字以内で述べなさい。（二次、60分、800字）

神戸市（令和4年度）

　人口減少社会の進展・共働き世帯の増加・児童虐待や子どもの貧困など、子育て家庭や子どもの育ちを巡る環境が大きく変化する中で、神戸市では「神戸っ子すこやかプラン2024」を策定しています。妊娠・出産期から学齢期において切れ目ない支援を提供することで、子どものよりよい育ちの実現をめざしており、取り組む視点として以下の6つの柱を定めています。そこで、6つの柱のうち1つを取り上げ、現状どのような課題があり、その課題に対し、行政はどのような取組みを行うべきか、あなたの考えを述べてください。（三次）
①仕事と子育ての両立支援
②妊娠・出産・子育て期の支援
③特に支援が必要な子どもたち・家庭への支援
④地域における子育て支援・青少年の健全育成
⑤幼児期の教育・保育の質の向上・小学校教育との連携
⑥子育てしやすい社会環境づくりと啓発

広島市（令和5年度）

〔行政事務、技術職、資格職、消防〕人口減少や少子高齢化によって生じ得る課題を1つ挙げ、それらの課題を解決するために広島市として行うことが有効な取組みについて、あなたの考えを述べなさい。（一次、60分、1,000字）

北九州市（令和4年度）

　本市では、これまで新型コロナウイルス感染症に対し、市民への迅速なワクチン接種を進めるなど、感染症拡大防止に向けた積極的な取組みを実施してきた。同時に、「東アジア文化都市北九州2020▶21」や「2021世界体操・新体操選手権北九州大会」の開催など、まちのにぎわいづくりの創出に果敢に挑戦してきた。令和4年度においても、引き続き、新型コロナ対策に万全を期すとともに、本市の将来を牽引する戦略的なプロジェクトをはじめ、ゼロカーボンに向けた取組みやDXの促進など、SDGsのトップランナーをめざす取組みを確実に推進することで、「日本一住みよいまち・北九州市」の実現につなげることとしている。そこで、あなたが考える「日本一住みよいまち・北九州市」像を述べたうえで、その実現に向けて、どのような施策を展開していくべきか、解決すべき課題とともに具体的に述べなさい。（一次、60分）

福岡市（令和4年度）

　政府は、2050年までに温室効果ガスの排出を実質ゼロとするカーボン

ニュートラルをめざすと宣言しました。福岡市も令和2年2月にゼロカーボンシティを表明し、温室効果ガス排出量実質ゼロをめざして、脱炭素社会の実現に向けてチャレンジしています。脱炭素社会への取組みが求められている背景・課題を述べるとともに、行政としてどのように取り組めばよいか、あなたの考えを述べなさい。（一次、75分、1,000字）

熊本市（令和4年度）

　本市のまちづくりの基本理念である「地域主義」をあなたはどのようにとらえ、それに対する行政や市民が果たすべき役割や責任はどうあるべきと考えるか、あなたの考えを1,200字以内で述べなさい。（一次、90分、1,200字）

国家一般職

令和5年度

　わが国においては、文化財の滅失や散逸等の防止が緊急の課題であるとされ、茶道や食文化などの生活文化も含め、その保護に向けた機運が高まってきている。文化財保護法については、平成30年に、地域における文化財の総合的な保存・活用や、個々の文化財の確実な継承に向けた保存活用制度の見直しなどを内容とする改正が行われ、また、令和3年に、無形文化財及び無形の民俗文化財の登録制度を新設し、幅広く文化財の裾野を広げて保存・活用を図るなどの改正が行われた。このような状況に関して、以下の資料①、②、③を参考にしながら、次の(1)、(2)の問いに答えなさい。（60分、1,800字）

(1)　わが国が文化財の保護を推進する意義について、あなたの考えを述べなさい。

(2)　わが国が文化財の保護を推進する際の課題およびそれを解決するために国として行うべき取組みについて、あなたの考えを具体的に述べなさい。

資料① 文化財保護法における「文化財」の種類とその対象となるもの

有形文化財	・建造物、絵画、彫刻、工芸品、書跡、典籍、古文書その他の有形の文化的所産 ・考古資料及びその他の歴史資料
無形文化財	・演劇、音楽、工芸技術その他の無形の文化的所産
民俗文化財	・衣食住、生業、信仰、年中行事等に関する風俗慣習、民俗芸能、民俗技術及びこれらに用いられる衣服、器具、家屋その他の物件
記念物	・貝づか、古墳、都城跡、城跡、旧宅その他の遺跡 ・庭園、橋梁、峡谷、海浜、山岳その他の名勝地 ・動物、植物、地質鉱物
文化的景観	・地域における人々の生活又は生業及び当該地域の風土により形成された景観地
伝統的 建造物群	・周囲の環境と一体をなして歴史的風致を形成している伝統的な建造物群

（出典）　文化財保護法をもとに作成

資料② 生活文化等に係る団体*のアンケート調査結果

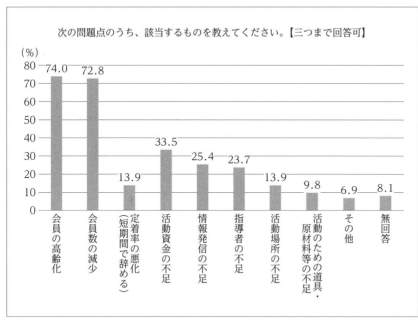

※ 文化芸術基本法3章12条に「生活文化」として例示されている「華道・茶道・書道・食文化」をはじめ、煎茶、香道、着物、盆栽等のもっぱら生活文化の振興を行う団体等
（出典）　文化庁「平成29年度生活文化等実態把握調査事業報告書」をもとに作成

Chapter

6

巻末資料

資料③　文化財多言語解説整備事業の概要

> 訪日外国人旅行者が地域を訪れた際、文化財の解説文の表記が不十分であり、魅力が伝わらないといった課題が指摘されることもあります。文化庁では、文化財の価値や魅力、歴史的な経緯など、日本文化への十分な知識のない方でも理解できるように、日本語以外の多言語で分かりやすい解説を整備する事業として、「文化財多言語解説整備事業」を実施しています。多言語解説として、現地における看板やデジタルサイネージに加えて、QR コードやアプリ、VR・ARなどを組み合わせた媒体の整備を積極的に支援しており、これにより訪日外国人旅行者数の増加及び訪日外国人旅行者が地域を訪れた際の地域での体験滞在の満足度の向上を目指すものです。これまで平成 30 年度から令和 2 年度までの3 年間で 124 箇所を整備済みであり、令和 3 年度末までには 175 箇所となる予定です。

（出典）　文化庁「文化庁広報誌 ぶんかる」（2021 年 11 月 11 日）をもとに作成

令和 4 年度

　わが国は、2020 年 10 月に、2050 年までにカーボンニュートラル*をめざすことを宣言した。また、2021 年 4 月には、2030 年度の新たな目標として、温室効果ガスを 2013 年度から 46 ％削減することをめざし、さらに 50 ％削減に向けて挑戦を続けるとの新たな方針を示した。なお、世界では、120 以上の国と地域が 2050 年までのカーボンニュートラルの実現を表明している。

*カーボンニュートラルとは、温室効果ガスの排出を全体としてゼロにすること

　上記に関して、以下の資料 1、2 を参考にしながら、次の(1)、(2)の問いに答えなさい。

(1)　カーボンニュートラルに関する取組みがわが国にとって必要な理由を簡潔に述べなさい。

(2)　カーボンニュートラルを達成するためにわが国が行うべき取組みについて、その課題を踏まえつつ、あなたの考えを具体的に述べなさい。（60 分、1,800 字）

資料① 日本のエネルギー起源 CO_2 排出量[※1] とカーボンニュートラル達成イメージ

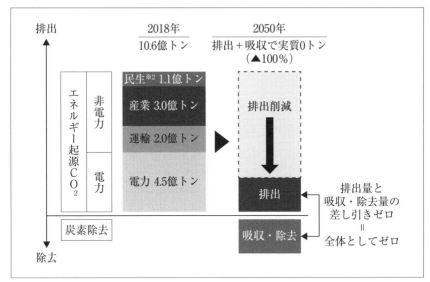

※1 燃料の燃焼、供給された電気や熱の使用に伴って排出される CO_2 の排出量
※2 一般の人々の生活（家庭部門）や、店舗などの第三次産業（業務部門）のこと

（経済産業省ウェブサイトをもとに作成）

資料②　各種発電技術のライフサイクル CO_2 排出量[※1] の比較

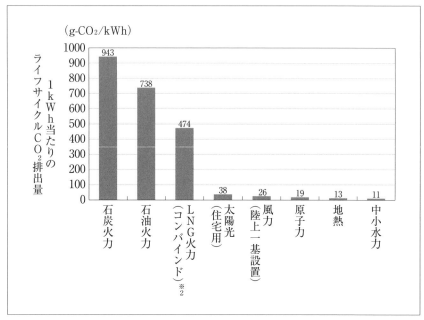

※1　発電燃料の燃焼に加え、原料の採掘から発電設備等の建設・燃料輸送・精製・運用・保守等のために消費
　　されるすべてのエネルギーを対象として CO_2 排出量を算出
※2　ガスタービンと蒸気タービンを組み合わせた、熱効率の高い複合発電方式

（経済産業省ウェブサイトをもとに作成）

著者紹介

春日文生（かすがふみお・筆名）

元某市役所職員。採用試験の問題作成、論文採点、面接官などを務めてきた。これまで年間100本以上の論文の採点、100人以上の面接をしてきている。

カバーデザイン	NONdesign 小島トシノブ
組版DTP	蠟﨑　愛
カバーイラスト＆マンガ	草田みかん
編集協力	佐藤嘉宏（ZACCOZ）

公務員試験
採点官はココで決める！合格論文術［2025年度版］

2024年2月20日　初版第1刷発行　　　　　〈検印省略〉

著　者──春日文生
発行者──淺井　亨

発行所──株式会社　実務教育出版
　　　　　〒163-8671　東京都新宿区新宿1-1-12
　　　　　☎（編集）03-3355-1812　　（販売）03-3355-1951
　　　　　（振替）00160-0-78270
印刷──奥村印刷
製本──東京美術紙工